불안에서의 자유

한 마리 나비로 다시 태어난 그녀,
이제는 그녀의 불안이 그녀의 날개가 되었음에 축하하고
스스로 힘겨웠던 그녀의 삶의 내러티브를
미천한 내 글을 통해 세상에 공개할 수 있도록 허락해준
그녀의 넉넉한 마음과 큰 용기에 깊은 감사와 존경을 보낸다.

불안의 문제는 아주 다양하고도 중요한 물음들이
서로 만나는 일종의 집합점이 분명하다.
불안의 문제는 수수께끼와 같으며, 이 문제만 해결할 수 있다면
우리의 모든 정신생활의 문제들도 투명하게 밝혀질 수 있다.

F r e u d

여는 글

인간은 누구나 불안하다. 과거의 경험을 생각하면 불안하고, 현재는 어디로 가고 있는가에 불안하며, 미래는 어떻게 될 것인가를 상상해도 불안하다. 때로는 불안을 마주하기 두려워 회피하게 되는데, 결국 회피는 근거를 알 수 없는 공허함을 만들고 모든 것에 무기력해 지는 우울한 감정이 찾아오게 된다. 누구의 탓도 아니다. 내가 불안에 끌려가고 있을 뿐, 살아가는 일은 누구나 두렵고 끊임없이 불안하다.

불안은 사고의 과정이 아닌 인간이 느끼는 감정이며, 생각하는 습관이 만들어낸 결과이다. 당신은 어떻게 생각하는 습관을 가지고 있는가? 당신은 불안에 관해 어떤 의미를 부여하고 있는가? 앞이 보이지 않는 세상, 내가 바라보는 그 좁고 답답한 세상에서 불안이란 또 다른 불안을 낳는 힘겨운 감정일 뿐이다. 그런데 왜 우리는 불안을 늘 부정적이고 털어내고 싶은 감정으로 느끼고 있을까?

불안이 가진 많은 기능과 역할, 그리고 그 특

별한 메커니즘을 스스로 느끼기는 왜 어려운 것일까?

이 책은 나비가 된 애벌레의 이야기이다. 지속적이고 과도한 불안이 삶을 행복하게 하지 못하고 이유를 알 수 없는 신체적 통증에 시달리며 살아온 한 여성이 통합예술치료를 통해 새로운 자아를 찾아 새로운 삶을 살고 있다. 이 책의 주인공인 그녀는 스스로 이제는 '나비'가 되었다고 말한다. 과거에는 그저 한 마리 '애벌레'로 살아왔지만 이제는 스스로 날 수 있는 '아름다운 나비'가 되었다고 표현한다.

그렇다면, 그녀는 어떻게 아름다운 나비가 될 수 있었을까? 그녀는 진실한 정서적 교감을 나누며 진심으로 공감해 주었던 치료사를 만났고 그녀와 치료사는 서로의 깊은 내면의 마음을 알아차려주고 버텨주며 함께 성장하는 시간을 가졌기 때문에 가능했다. 그 과정에서는 고매한 예술성을 스스로 창작해 내는 과정에서 그녀 자신의 잠재력에 대한 발견과 치료사에 대한 믿음이 치료의 핵심요소였다.

저자는 통합예술치료 전문가로서 다양한 예술영역들이 서로의 영역을 넘나들며 서로 상호보완적 역할을 하는 과정을 통해 각 예술영역을 확장시키고 치료의 효과를 극대화시키는 통합적 치료방법을 적용하였다. 이 책은 많은 사람들이 궁금해 하는 통합예술치료의 개념 및 방법을 한 여성의 치료사례를 온전히 진실하게 공개하고 누구나 불안하지만 모두가 다르게 처리하고 있는 불안에 대한 본질적 이해와 그 치료방법을 알리고자 하는데 목적이 있다. 치료사와 함께 자신의 불안을 만나는 여정을 두 손 꼭 잡고 간다면 더욱 좋겠지만, 그렇지 못해도 많은 사람들이 이 책을 통해 마치 자신의 불안을 바라보는 듯 큰 공감을 할 수 있기를 바란다. 나아가 스스로 불안을 통찰하고 보다 수월하게 자신의 불안을 다룰 수 있기를 소망하는 마음이다. 결국 중요한 문제는 '내가 불안에 끌려가느냐, 내가 불안을 끌고가느냐' 이 둘 중에 무엇을 선택하는가의 문제이다. 생각하는 습관이 바뀌면 삶이 바뀐다.

이 책은 저자의 박사학위논문을 보다 쉽게 읽힐 수 있도록 재구성한 것으로서, 보다 쉽게 읽혀지고 이해할 수 있도록 많은 부분에서의 교정 및 변환을 시도하였다. 본문에서 '치료자'라는 이름은 저자를 지칭하며, 치료 과정의 내용에서 등장하는 '내담자'라는 이름은 나비가 된 애벌레, 그녀를 지칭한다는 것을 미리 알린다.

나는 이 책을 읽고 있는 당신이 불안의 의미를 재조명해고 스스로 애써 망각하고 살아왔던 불안의 본질을 찾아낼 수 있기를 소망한다. 그래서 당신의 불안이 당신의 한 손 위에 한 마리 나비처럼 살포시 앉아 쉴 수 있고, 때로는 자유롭게 날 수 있기를 간절히 바란다.

2018년 9월 홍지영

contents

불안에 대한 통합예술치료

불안에서의 自由 자유

chapter

01

애벌레 이야기

동굴 속에 웅크린 채 45년을 버텨온 애벌레가 있었다.
그 애벌레는 오랜 세월 동안 자신을 돌보지 않고 방치한 주인을 기다리다 몹시 지치는 날에는 엄청난 불안에 시달리기도 하고, 더 깊은 곳으로 찾아 들어가 웅크리고 있느라 몸도 마음도 편한 날이 없었다.
때로는 사람의 목소리가 무섭게 느껴졌고 자신에게 다가오는 사람을 두려워했다. 주인이 자신을 살펴봐 주지 않으니 자신을 미워하고 있다고 생각했고 자신을 사랑하지 않는다고 생각했다.

우리는 모두 가슴 속 깊은 곳에 자신만의 비밀을 가지고 살아간다. 그 비밀이 무엇인지 보여주고 싶어 하지 않고 스스로도 그 비밀을 다시 꺼내 바라보려고 노력하지 않는다. 꽁꽁 숨겨 놓은 그 비밀은 주인이 가끔씩 들여다 봐주고 목소리도 들어주고 만져주기도 하길 기다리지만, 주인은 꼼짝도 하지 않고 그 비밀을 방치해 두어 시간이 흐르면서 결국 그 비밀은 지쳐만 간다. 나는 마음 속 깊은 곳에 숨겨 놓은 그 비밀을 다시 들여다보고 바라봐 준 적이 있을까? 그 비밀은 찾아오지 않는 주인을 기다리다 지쳐 스스로 동굴을 만들고 그 속으로 숨어 버린다. 기다려도 찾아오지 않는 주인을 기다리는 그 비밀이 동굴 속에서 홀로 기다리는 그 마음을 생각해 본 적이 있을까?

살에 상처가 나고 피가 나면 소독약을 발라주고 반창고를 붙여주기 마련이다. 그런데 왜 우리들의 마음 속 상처는 약도 발라주지 않고 반창고도 붙여주지 않으며 보살펴 주지 않는 것일까? 관심과 보호를 받지 못한 마음 속 깊은 상처는 점점 더 깊은 동굴 속으로 숨어 버리고 스스로 살아내기 위한 처절한 몸부림을 치게 된다. 제 주인은 그것도 모른 채 자신이 잘 살아가는 줄 알고 있다가 어느 날 갑자기 요동치는 동굴 속 상처에게 무방비 상태에서 공격을 당하고야 만다. 주인의 의식이 감당할 수 없는 용암 같은 분노나 하루아침에 삶을 침식하게 만드는 우울, 스스로 조절할 수 없는 불안 등 여러 감정의 상처는 다양한 정서적 문제를 일으키게 된다. 삶에서 피할 수 없는 인간관계, 개인의 자리에서 가지는 사회적 책임과 삶에 대한 확고한 철학에 까지 폭풍처럼 몰아치는 그 상처의 몸부림은 결국 거대한 파장을 일으키기 때문이다.

결국 본성을 바라보는 것이 내 상처를 바라봐 주는 것이다. 오랜 시간 동안 방치한 상처의 외침을 들어주는 것이고 얼마나 아팠고 얼마나 힘들었는지 알아주는 것이다. 인간의 본성이란 바로 그 깊은 동굴 속에서 웅크리고 있는 '비밀'이라는 이름을 가진 어린아이의 모습을 의미한다. 그 아이가 무엇이 그토록 아팠는지, 무엇이 그 아이를 그렇게 오랜 시간 동안 웅크리고 방어하고 두려워하게 했는지 들어주고 받아주고 공감해 주어야 한다. 그 아이도 힘을 가졌고 대단한 잠재력도 있지만 보살펴 주지 않고 사랑받지 못한 채 방치된 아이는 그런 좋은 모습을 보여줄 수 없었다. 개인의 잠재력은 그 아이의 마음을 공감해줄 때, 그 아이의 상처를 만져줄 때, 마침내 동굴 속에서 나올 때 발휘될 수 있기 때문이다.

동굴 속에 웅크린 채 45년을 버텨온 애벌레가 있었다. 그 애벌레는 오랜 세월 동안 자신을 돌보지 않고 방치한 주인을 기다리다 몹시 지치는 날에는 엄청난 불안에 시달리기도 하고, 더 깊은 곳으로 찾아 들어가 웅크리고 있느라 몸도 마음도 편한 날이 없었다. 때로는 사람의 목소리가 무섭게 느껴졌고 자신에게 다가오는 사람을 두려워했다. 주인이 자신을 살펴봐 주지 않으니 자신을 미워하고 있다고 생각했고 자신을 사랑하지 않는다고 생각했다.

그 애벌레는 보호받지 못하고 존중받지 못한 자신을 비하하게 되었고 점점 더 깊은 곳으로 숨어 두려움에 떨고 있었다. 그토록 고통스럽기만 했던 애벌레의 주인은 어느 날 애벌레의 외침을 듣기 시작했다. 불쑥 불쑥 들리는 애벌레의 절규와 내재된 욕망의 꿈틀거림을 느끼기 시작한 것이다. 주인이 몸도 마음도 너무 아파 스스로 자기 안의 동굴을 찾아 나서기 시작했기 때문이다. 끊임없이 반복되는 일상의 고통들이 주인에게 용기를 내도록 이끌어 주었다.

주인이 깊은 동굴을 향해 한 걸음씩 걸어 들어가는 그 시간을 함께 동행해 주었다. 나는 깊고 어두운 동굴 속에서 주인이 천천히 한 걸음씩 안전하게 들어갈 수 있도록 한 손에는 호롱불을 들고 있었고 다른 한 손은 주인의 손을 잡아 주었다. 주인이 자신의 애벌레를 만나러 가는 길고 두려웠던 여정... 이제 그 기억을 되돌리며 여러분들과 함께 동행해 보고자 한다.

chapter

02

불안에 관하여

불안은 과거의 경험으로부터 고정된 사고에 그 출발점이 있으므로 ‘경험적 회피’라는 의미를 부여하기도 한다. ‘경험적 회피’란 특정한 상황을 접촉하지 않으려고 의도적으로 애쓰며, 불안을 야기하는 근본적 요소들을 의식적으로 피하려고 하는 행동이 오히려 불안을 더욱 가중시킬 수 있다는 것을 의미한다.

현대인들은 스트레스에 쉽게 노출되고 가중되는 스트레스로 인해 스스로 감정을 조절하기 어려울 때가 있다. 스트레스에 노출되면 닥쳐 온 상황이나 환경에 잘 적응하고 어려운 모든 현실을 무난히 이겨내지 못할지도 모른다는 두려움이 결국 '불안'이라는 대상 없는 감정에 끌려가도록 만든다. 자극적인 스트레스를 유발한 대상이 '두려움'이라는 인지과정을 일으키고, 그 두려움의 생각은 일상생활에서 지속적인 불안을 만들어 내는 것이다. 즉, '두려움'은 인지과정이고 '불안'은 감정에 속한다. 우리는 이 두 가지가 같은 것, 또는 비슷한 것이라고 생각할 수도 있으나 사실은 전혀 다른 것을 의미한다.

쉽게 말하면 두려움은 우리들의 '생각'이고 불안은 우리가 느끼는 '감정'이다. 이 글을 읽고 있는 독자들도 '나는 어떤 것을 대상으로(무엇에 대하여) 두려움을 느끼는가?'를 생각해 보았으면 한다. 두려움을 느끼는 대상은 여러 가지가 있다. 어떤 사람일수도 있고, 동물일 수도 있고, 사물일수도 있고, 특정한 상황일 수도 있으며, 눈에 보이지 않는 어떤 체계나 법, 또는 관념일 수도 있다.

나는 두려움을 느끼는 특별한 대상이 있는데, 그 대상은 동물에 속하는 '개 또는 강아지'(dog)이다. 이쯤에서 당신은 내가 왜 그 특정한 대상에 대한 두려움을 가지고 있는지 예상할 수 있을 것이다. 당신이 추측하는 대로 그 대상에 대한 트라우마가 내면에 자리하고 있기 때문이다. 내가 아주 어렸을 적에는 개인 주택에서 도둑이 담을 넘어 들어오지 못하게 하기 위해 큰 개를 마당에서 키웠었고 쇠사슬로 만들어진 목줄로 하루 종일 묶여 있었다. 우리 집에도 큰 개가 있었는데, 어느 날 엄마를 만나러 집으로 오신 손님이 계실 때 목에 묶여져 있던 쇠사슬 목줄이 풀렸고 바로 손님에게 달려와 물어버려 피를 많이 흘리며 소리치시던 모습과 상황을 지금도 선명하게 기억한다.

겨우 다섯 살이었던 나는 바로 앞에서 벌어진 끔찍한 상황에 충격을 받았고, 그 생생한 기억은 모든 개에 대한 공포와 두려움, 즉 특정한 대상에 대한 트라우마를 만들어낸 것이다.이쯤에서 이 책을 읽고 있는 여러분들에게도 특정한 대상으로부터 느끼는 특정한 두려움이 있을 것으로 예상된다. 결국 우리가 사는 동안에 계속해서 만나야 하는 여러 장애물들은 그저 넘어가야할 산등성이에 '장애물'이라는 의미를 부여한 우리들 마음 속 '두려움'이 문제인 것이다.

두려움이라는 인지작용은 불안이라는 감정을 유발하는 것으로서 그 또한 우리가 평생 동안 피할 수 없는 우리들의 실존이자 온전한 나 자신의 일부이다. 완전한 사람은 없기에 완전한 나는 없다. 두려움이든 불안이든 모두 나의 일부로서 인정하고 자연스러운 현상으로 수용해야한다. 인간 세상에 '완전한 나'는 없고 '온전한 나'만 존재할 뿐이다.

1. 불안장애는 어떤 것일까?

많은 사람들이 '불안장애'라고 하면 매우 심각한 정신적 문제를 가진 진단명으로 생각한다. 불안장애는 불안의 수준이 매우 높고 일상생활에 어떤 제약 또는 부정적인 영향을 미치게 되는 정도에서 받게 되는 진단이다. 이 책은 개인에 따라 그 정도와 수준은 매우 다르게 나타나지만 불안이라는 감정은 인간의 본질적 감정이며 실존적 현상임을 강조하면서 시작되었다. 불안장애는 불안의 감정을 조금 더 강하게 느끼고 살아가고 있는 사람들이며, 지나친 두려움을 지속적으로 가지고 있는 경우일 뿐이다. 즉 내가 또는 그 사람이 불안장애에 속하지만 그 문제를 정확히 인지하지 못하고 살아가고 있는 경우가 무척 많고, 충분히 치료될 수 있는 문제임에도 불구하고 그 감정을 내 안에 방치한 채 힘들게 살아가기도 한다.

불안장애란 정신적 장애의 한 진단분류에 해당되며 의학계에서 정의한 진단명에 속한다. 정신건강의학과의 장애들 중 가장 흔한 것 중 하나로서 이는 여러 가지 독립적인 하위유형들을 포함하고 있다. 불안장애는 개인이 느끼는 불안의 감정이 일상생활에서 여러 문제들을 일으키고 삶에서 기능해야할 개인의 능력을 저하시키는 증상으로서, 이러한 상황이 6개월 이상 지속되는 정신적 문제를 의미한다. 전 세계의 일반인구

중 약 15%이상이 불안장애를 경험한 바 있으며, 증상의 초기에 치료를 받지 않으면 만성화되고 개인의 삶의 질에 부정적인 영향을 미칠 수 있다. 또한 다른 정서적 문제들을 동반할 가능성이 많아 우울증이나 중독 증상, 또는 물질남용 장애 등이 합병증처럼 따라올 수 있다. 앞에서 다루었듯이 불안은 인지과정에 의해 나타난 결과로서, 여러 가지 왜곡된 생각들이 다른 불편한 감정들을 유발할 수 있기 때문이다.

불안은 과거의 경험으로부터 고정된 사고에 그 출발점이 있으므로 '경험적 회피'라는 의미를 부여하기도 한다. '경험적 회피'란 특정한 상황을 접촉하지 않으려고 의도적으로 애쓰며, 불안을 야기하는 근본적 요소들을 의식적으로 피하려고 하는 행동이 오히려 불안을 더욱 가중시킬 수 있다는 것을 의미한다. 불안장애를 가지고 있는 사람은 자신의 주의를 다른 것으로 돌리려고 하거나 불안을 억제하려고 애쓰며, 불안으로 이어질 수 있는 생각과 모든 감각을 제거하기 위해 다양한 경험적 회피의 전략들을 취하게 된다.

즉, 불안장애를 가진 사람들은 자신의 불안을 야기하는 특정하고 반복적인 상황에서 습관적으로 한 방향으로 사고하는 경향이 있으며, 그 사고는 대부분 부정적이고 왜곡된 것이기에 불안을 느끼는 특정한 상황을 회피하게 된다는 것이다. 여기서 개인의 특정한 상황이란 반복적으로 스스로 불안을 느끼는 일정한 패턴의 상황이거나 아직 일어나지 않은 일에 대한 부정적 예측, 특정한 대상과의 관계에서 느끼는 것, 안전에 대한 지나친 걱정, 행복을 지키는 것에 대한 왜곡된 불안, 환경의 변화에 적응할 때의 불안 등 다양한 상황들이 가능하다.

지금 쯤 여러분들은 '나는 언제 불안한가?'에 대한 생각을 할 것이고,

많은 사람들이 자신이 불안을 느끼는 특정한 상황이 무엇인지 스스로 발견할 수 있을 것이다. 그러나 일상생활 속에서 마주치는 다양한 상황들에서 자연스럽고 정상적인 반응으로 나타나는 적당한 불안과는 달리 불안의 감정으로 삶이 고통스러워지는 불안장애를 가진 사람들에겐 공통점이 있다. 그것은 인지적 측면에서도 나타나고 신체적 측면에서도 나타날 수 있다. 인지적 측면에서 보면 불안을 느끼는 특정한 상황을 스스로 과대평가하고, 스스로 그 상황에 대처할 수 있는 자신의 능력은 과소평가를 하여 그 상황은 두려운 대상이 되고 자신의 힘은 약해지도록 만들어 버린다는 것이다.

또한 스스로 위험을 느끼는 특정한 상황에서 불안이 유발되고, 그 불안이 오래 지속되면 신체적 증상이 동반될 수 있다. 원인을 알 수 없는 두통이나 심장의 두근거림, 복통, 온 몸의 근육통 등의 증상이 나타나 불안이 '신체화' 되는 것이다. 신체화란 심리적인 이유로 인해 신체적인 이상이 나타나는 것을 의미한다. 결국 과도한 불안은 반복적인 상황에서 습관적으로 나타나는 왜곡된 생각이 스스로 혼란에 빠지게 하고 불필요한 다른 감정들 뿐 아니라 행동까지 유발할 수 있는 것이다.

불안장애는 그 정도와 특성이 매우 다양하여 아직까지는 확실한 원인이 밝혀지지 않았으나, 일반적으로 생물학적 요인, 환경적 요인, 사회적 요인과 문화적 역할 등 여러 가지 요소들에 그 가능성을 둘 수 있다. 불안의 특성은 우리가 평소에 많은 걱정을 끌어안고 살고 있다는 사실과 관련이 있으며, 유전적 성향도 있을 수 있지만 어릴 때부터 학습된 경험의 감정일 수도 있다. 개인의 특정한 상황에 불안이 반응하는 양상이 반복적이고 패턴적인 특성을 보이는 것은 두뇌가 특정한 방식으로 반응하기 때문이다. 즉, 특정한 상황에서 자연스럽게 떠오르는 생각이 대부분은 왜곡되어 있거나 비합리적일 때 불안이 유발되는 것이다. 이것이 바로 불안은 인지과정에 의해 나타나는 감정이라는 것을 의미한다.

우리들은 아동기에 환경과 외부로부터 받았던 특별한 메시지가 잘못된 믿음과 역기능적인 생각들을 형성하는 경험을 할 수 있다. 즉, 어떤 특별한 사건, 그것이 사소하거나 사소하지 않거나, 단 한 번의 특별한 사건이 성인이 된 후 까지도 지속적으로 같은 생각을 반복적으로 하도록 만드는 원인이 될 수 있다는 것이다. 예를 들면 무척 비판적이고 부정적인 메시지를 자주 던져주는 부모님의 자녀들은 성인이 되었을 때 그렇지 않은 부모님의 자녀보다 더 높은 수준의 불안을 경험할 가능성이 크다. 우리들 중에 많은 사람들이 어린 시절부터 자신의 솔직한 감정표현을 격려 받고 인정받기 보다는 감정을 억누르도록 교육을 받고 자랐다. 이러한 부모님의 양육방식과 사회적으로 일반화된 감정의 억압은 불안에 취약한 사람으로 성장시키게 된다.

이처럼 불안의 수준이 높은 사람들의 경우에는 일상생활 속에서 작은 스트레스를 받는 경우에도 불안장애로 진전될 수 있으며, 특정한 상황이 스스로 조절하기 어려워 잠복되어 있는 신념을 활성화시킬 수 있다. 이는 신체화① 증상으로 나타나 두통, 복통, 심장 두근거림 등의 여러 가지 신체적 증상이 나타나고 계속해서 방어적이고 회피적인 행동을 이끌어낼 수 있기 때문에 생활 속에서 끊임없이 나타나고 삶의 질을 떨어

---

① 미성숙한 방어기제의 하나로서 무의식에 내재되어 있는 감정이나 갈등, 욕망 등이 의식으로 올라오지 못하고 신체적 증상으로 표현되는 것이다. 의식에서 다루기에 너무 힘들거나 불편할 때, 또는 감정을 언어로 표현하기 힘들 때 신체가 대신 표현해 주는 것이다. 이유 없이 몸이 자꾸 아픈 경우나 검사를 해도 이상이 없지만 통증이 사라지지 않는 경우가 이에 해당된다.

트릴 수 있게 된다.

2. 불안장애에도 종류가 있다?

앞에서 언급했듯이 불안장애는 여러 가지 하위 유형이 있어 그 종류가 여러 가지라고 할 수 있다. 그 하위 유형들은 독립적으로 진단될 수 있으며 모두 다른 특성 및 양상을 나타내고 있으나, 이 책에서는 가장 많은 사람들에게 나타나는 유형으로서 범불안장애와 사회불안장애를 구체적으로 다룰 것이며, 진단분류에 속하지 않지만 또 하나의 증상으로서 '권위불안'에 관하여서도 다루어보고자 한다.

3. 범불안장애는 어떤 것일까?

범불안장애는 일상생활의 사소한 일들에 대해 지나치게 걱정하는 문제를 가지고 스스로 그에 대한 조절이 어려워 지나친 걱정을 하며 불안한 증상이 6개월 이상 지속되는 만성적인 증상을 나타내는 것이다. 범불안장애는 이러한 과도한 불안과 더불어 미래에 대하여 걱정과 부정적인 기대를 가지며, 어느 때는 통제가 어려울 만큼의 강한 불안을 경험하기도 한다. 범불안장애는 생활 전반에서 다양한 주제로 불안의 대상이 옮겨 다니며 특정 대상 및 주제와 연결되어 있지 않기 때문에 부동불안(浮動不安)이라고 불리기도 한다.

일상생활에서 지나치게 모든 일을 걱정함으로써 지속적인 불안과 긴장을 경험하므로 매사에 쉽게 피로를 느끼고 주의집중이 어려우며 수면에도 문제가 생기는 증상을 보인다. 따라서 범불안장애는 외적인 상황이나 환경과는 큰 관련 없이도 지속적으로 불안을 경험하고 불안의 대상이 한정되어 있지 않는 것이 특징이다. 결국 범불안장애를 가진 사람들이 경험하는 불안은 불필요한 걱정과 지나친 염려가 주된 문제이며, 이는 사고하는 방식, 즉 '생각하는 습관'에 오류가 있는 경우가 대부분이다.

범불안장애를 가진 사람들이 두려워하는 사회적 상황은 권위적 인물(상사, 교사, 부모)과의 만남, 집단(대중 앞에서의 발표)과의 만남, 능력이 평가되는 상황, 사회적 평가 상황(타인에게 부탁이나 제의를 할 때), 또는 낯선 사람과의 만남 등이다. 여기쯤에서 또 다시, 마치 내 이야기를 하는 것 같은 느낌을 가지는 분들이 많을 것이라고 예상된다. 사실 많은 사람들이 이러한 상황에서 심한 불안을 느끼며 살아가고 있지만 그 원인이 무엇이고 어떻게 하면 그러한 상황에서 차분해지고 담담해질 수 있는지, 그 방법을 몰라서 불안을 방치해 둔 채 마치 습관처럼 살아가고 있다.

그런데 자주 느끼며 살아가는 불안한 느낌도 걱정스럽고 싫은데 하물며 불안 뒤에 붙은 '장애'는 무엇이란 말인가? 알고 나니 더 불안해진다고 생각할 수도 있다. 하지만 괜찮다. 불안은 완화될 수 있는 감정이며, 개인의 의지와 노력에 의해 충분히 달라질 수 있는 증상이다. 불안장애의 의미는 불안의 수치가 평균이상으로 높은 정도일 때 진단되는 전문용어이며, 우리는 불안을 비롯해 모든 감정을 정확히 알고 지적으로 접근해볼 필요가 있다. 우리가 느끼는 강한 불안으로 인해 삶이 더 고단해질 수 있기 때문이다. 자신의 감정에 거리를 두고 객관적으로 바라봐주는 태도는 내가 가진 불안을 완화시킬 수 있는 가장 중요한 요소이다.

범불안장애를 가진 사람들은 걱정할 요소들을 미리 방지하기 위해 무의식적인 안전행동을 하거나 자신이 걱정하는 부분에 대해 부정적으로 평가된 결과가 닥쳐올 것을 예방하기 위해 의도적으로 안전행동을 하게 된다. 이처럼 범불안장애를 가진 사람들은 걱정과 불안이 핵심증상이며 일상생활에서 일어나는 많은 일들에 대해 걱정하는 습관이 배어있는데, 객관적으로 그리고 현실적으로 생각해 보면 그런 걱정이 지나치고 비현실적이며 왜곡되어 있다는 것을 알 수 있다.

이와 같은 범불안장애의 핵심적 양상들을 다시 정리해보면, 첫째는 일어날 가능성이 적거나, 일어난다고 해도 충분히 스스로 다스릴 수 있는 일들에 대한 지나친 걱정이며, 둘째는 전반적으로 높은 신체적 긴장과 신경과민, 초조하고 예민한 느낌을 가진다. 첫 번째 양상을 현실적인 맥락에서 생각해보면 크게 걱정하지 않아도 되는 상황에서도 과도한 걱정을 하는 것이 특징이다. 두 번째 양상은 가볍게 지나쳐 버릴 수 있는 문제에 대해서도 지나치게 신경을 쓰고 있으며, 타인의 비판에 대해 극도의 민감함을 보여 우울증이나 강한 방어를 보이기도 하는 것이다.

이러한 과도한 걱정은 걱정의 정도가 과장되어 있기에, 본래의 걱정을 더욱 악화시켜 신체적 증상이 동반되는 결과를 가져올 수 있다. 이러한 인지적 특성들과 더불어 신체적 증상이 함께 나타날 수 있는데 주로 안절부절 못함, 피로감, 근육의 긴장, 과민함, 집중력 부족, 수면장애, 맥박과 호흡의 빨라짐 등과 같은 증상들 중 적어도 세 가지 이상이 동반되고 항상 긴장되어 보이는 경향이 있다.

이러한 증상을 지속적으로 악화시키는 요인으로는 스트레스를 주는 사건들, 높은 불안 감수성이나 잦은 부정적 감정경험, 우울증이나 다른 불안장애의 병발 등을 들 수 있다. 결국 자신에게 나타나는 증상에 대해서도 부정적이고 왜곡된 해석을 하게 되고, 그러한 생각으로부터 불안한 감정을 야기하게 된다는 것이다. 따라서 인지적 특성과 불안의 감정, 그리고 신체적 증상은 어떠한 사이클에 의해 서로 연결되고 있음을 알 수 있다.

이와 같은 부정적 사고와 불안의 감정, 그리고 신체적 증상의 관계성의 이해를 돕기 위해 Clark의 불안모델 모형을 담아보았다. 우리들의 감정과 사고, 그리고 신체는 아래의 모형 이미지와 같은 메커니즘을 형성하며 지속적으로 순환되고 있다.

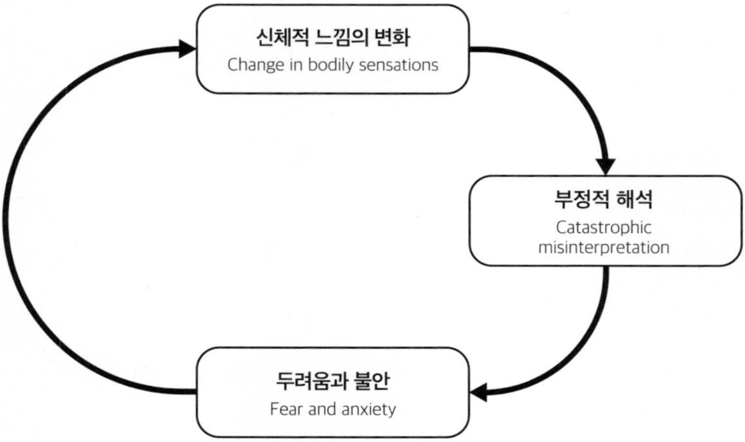

Clark의 불안모델

4. 사회불안장애란 무엇일까?

사회불안장애는 개인이 타인에 의해 평가되는 사회적 상황에 대한 두려움이 야기한 불안의 감정을 강하게 느끼는 심리적 장애를 의미한다. 물론 정확한 의학적, 심리학적 진단을 받아 정상적인 불안수치가 아닌 비정상적인 높은 수치로 판단될 때만 적용되는 경우이다. 낯선 사람들과 만나거나 타인들로부터 주목받는 상황에서 나타나는 불안의 수준이 부적절하게 과도하다면, 당면한 상황을 적절하게 대처하기 어려울 뿐 아니라 개인적으로 심리적 고통을 느끼게 되는 경험을 하게 된다.

사회불안장애의 핵심적 특징은 타인의 부정적 평가에 대한 두려움으로서, 이 또한 범불안장애와 같이 인지적 오류에서 비롯된다. 따라서 사회불안이 높은 사람들은 타인이 자신을 지켜보는 것을 두려워하고 자신의 행동으로 인해 창피스럽고 민망할까봐 미리 걱정한다. 이는 친숙하지 않은 관계의 사람들과 함께하는 상황에서 자신이 타인에게 어떻게 보일까를 두려워하고, 자신이 타인의 눈에 부족하게 보이거나 수치스러운 방식으로 행동하고 있지 않을까 걱정하며 타인의 평가에 지나친 주의를 기울이는 것을 의미한다. 이러한 증상 또한 현대를 살아가는 많은 사람들에게서 나타나고 있는 것으로서 사회불안이 높은 사람들은 여러 사람들과의 상호작용에서 자신감이 현저히 부족하고, 다른 사람들이 자신을 낮게 평가하거나 부정적으로 비판할 것이라고 생각한다.

사회불안장애를 가진 사람들의 공통적인 인지적 특성은 자신이 사소한 실수라도 하면 다른 사람들이 자신을 인정하지 않고 비판할 것이라고 생각하는 완벽주의 사고, 자신이 매력 없는 사람이라고 느끼는 사회적 자기에 대한 부정적 개념, 타인에게 좋은 인상을 주어야 한다는 강박적 신념, 자신의 행동에 대한 대부분의 부정적 평가 등이다. 또한 이들은 사회적 상황을 과장되게 위협적으로 해석하는 경향이 있다. 이는 사회불안이 높은 사람들은 타인이 의도하지 않은 부분을 혼자서 예측하고 자동적으로 떠오르는 사고의 패턴으로 판단함으로써 사회적 상황에서 자신의 수행능력을 실제로 타인이 평가하는 것보다 낮게 평가하는 것을 의미한다.

완벽을 추구하는 현상이 사실은 비현실적 신념이다. 인간은 어떤 상황에서도 완벽할 수 없으며, 완벽을 추구하는 태도와 행동은 불안을 더욱 강화시키는 요소로서 이 또한 순환적인 양상을 가지고 있다. 타인의 평가를 중요시 여기고 다른 사람들이 자신을 부정적으로 판단할 것이라는 자기초점주의(Self-Focused Attention), 그리고 왜곡된 걱정으로 인한 자신감 결여와 일상생활에 어려움을 주는 여러 가지의 부정적인 요인들이 사회불안장애의 원인으로 작용할 수 있다.

이는 자신이 기대했던 것보다 더욱 긍정적인 타인의 실제반응을 이해하는 것을 방해하기 때문에 자신이 가진 부정적 사고가 수정되기 어렵고 사회불안의 증상은 계속해서 반복될 수 있다. 그러므로 다른 사람들의 실제 생각과 행동을 올바로 알아차리기 어려우며, 자신이 인정받았다는 의미를 쉽게 이해하지 못하고 자신에 대한 타인의 평가를 자기평가의 기준으로 맞추게 된다.

Clark와 Wells의 사회불안 인지모델에 의하면 사회불안을 가진 사람들은 어떠한 사건이 일어나기 전부터 부정적인 시각을 가지고 있으며, 자기 자신에게만 초점을 두는 동시에 사건이 일어나는 동안에도 스스로를 부정적으로 평가하게 된다. 따라서 이러한 과정을 통해 다른 사람들이 자신을 부정적으로 생각할 것이라고 판단하게 된다. 자신의 편향된 생각이나 감정으로 인하여 다른 사람들의 반응을 왜곡해서 받아들이고, 높은 자기초점주의와 부정적 자기 평가(Negative Self-Evalution)를 취하게 되는 것이다. 이러한 현상은 여러 사회적 상황에서 비합리적인 신념들이 활성화되면서 그 상황을 실제보다 훨씬 위험한 것으로 인지하게 되고, 동시에 자기초점주의 편향이 일어나면서 상황을 회피하려는 안전행동을 하게 된다. 결국 타인의 부정적 평가에 대한 두려움의 비합리적 신념은 현실에서 진실로서 검증받지 못하고 강화되면서 사회불안이 유지된다.

사회불안은 다양한 맥락의 요인과 원인으로 발현되는 증상이지만 그 요인들은 가정환경과 양육의 방식, 또래 관계의 관련 변인들, 과거 경험 등의 세 가지로 나누어 제시할 수 있다. 부모와의 애착관계와 양육방식이 불안정할 경우 사회불안의 증상 정도가 더욱 높으며, 억제된 행동 성향이나 수줍음 같은 기질적 특성을 가진 경우에도 사회불안장애로 발전할 수 있는 높은 가능성을 보인다. 또는 부모의 사망, 부모와의 이별, 학대, 가정폭력 등과 같은 스트레스를 경험한 후에는 어느 시기에 사회불안이 나타날 수 있으며, 부모의 양육태도와 관련하여 사회불안장애를 가진 사람들의 부모들은 일반적으로 거부적이고 돌봄이 부족하거나 반대로 지나치게 과잉 보호적이라고 볼 수 있다.

대부분의 사회불안 증상은 초기 유아기에 발현되어 성인기까지 영향을 미칠 수 있으며, 만성적 대인불안을 경험하게 될 높은 가능성을 가진다. 초기 유아기에 나타나는 증상이 주는 시사점은 인간발달 초기에 중요한 관계에 있는 사람들의 성격과 부모의 양육방식, 그리고 그들과의 상호작용의 양상 및 외상적 경험이 사회불안의 발생과 지속적인 증상유지에 중요한 영향을 미치는 요인이라고 할 수 있다.

또한 수치스러움이나 창피함을 느낄만한 외상적 사건의 경험이 사회불안의 필수적 요인이라고 볼 수는 없으며, 특정한 사건이 사회불안을 일으키는 데는 그 사건이 요인이 아니라 그 사건을 받아들이고 해석하는 개인의 인지적 요인에 있다. 결국 사회불안장애도 범불안장애와 마찬가지로 오랜 시간 동안 습관이 되어버린 비합리적 신념들이 원인이며, 특히 반복되는 특정한 사회적 상황에서 두드러지는 현상이다.

5. 권위불안이 궁금하다

권위불안이란 자신보다 우월하고 높은 신분을 가진 대상 앞에서 불안을 강하게 느끼는 권위에 대한 불안증상이다. 권위불안은 의학적 진단명이 아닌 불안증상의 일면으로서 자신보다 높은 권위를 가졌다고 느끼는 모든 대상, 또는 권위적이라고 느껴지는 대상 앞에서 불안의 증세가 강해지는 것을 의미한다. "나는 아버지를 대할 때마다 두려움을 느끼고 불안한 증세가 나타난다"거나 "나는 선생님 앞에만 서면 무섭다"의 경우, 또는 "나는 상사와 마주하면 몹시 긴장되고 진땀이 난다"등, 이 또한 많은 현대인들이 자주 느끼며 살아가는 불안증상이다.

사회불안의 유발상황에서 사회불안장애를 가진 사람들이 가장 고통스러워하는 상황으로서, 낯선 사람을 만나는 상황이나 권위 있는 사람과의 만남인 경우가 많다. 권위란 다른 사람을 지휘하거나 통솔하여 따르도록 하는 힘을 의미하며, 권위주의란 지배와 복종의 관계를 나타내는 것으로 지배자가 자신의 권위를 사용하여 일방적이고 강제적으로 질서를 유지하려는 행동양식을 의미한다.

이처럼 권위란 어떤 우월성에 의하여 복종을 요구하는 힘으로서 제도, 권력, 지위 같은 것에서 나타나는 외적 권위와 자기 자신의 양심 또는 신용에서 나타나는 내적 권위의 두 가지가 있다. 이 중에서 외적 권위를 가장 높은 권위로 보는 입장을 권위주의라 하며, 권위주의에 대한 복종은 자율적이 아닌 타율적인 강제가 된다.

Horwitz는 사람은 본래 사회적으로 우위에 있는 자의 분노는 두려워하지만 자기보다 아래에 있는 자의 분노는 두려워하지 않는다고 하였다. 이 주장에 관하여 많은 사람들이 공감할 것이라고 생각한다. 권력자는 전형적으로 두려움과 반대되는 특성, 즉 강한 자신감을 내보이기 마련이며, 사람들은 일반적으로 두려움과 자신감이 개인의 성품보다는 그가 속한 사회적 지위로부터 더 큰 영향을 받기 때문이다. 따라서 권위에 대한 불안은 권위자들이 가할 수 있는 정신적 학대에 대한 두려움을 초점에 두고 다루어야 할 문제로 볼 수 있으며, 불안은 스스로를 외상으로부터 보호하려는 신호로 간주할 수 있다.

이에 심리학적 관점으로 바라보는 권위와 권위에 대해 복종하는 관계를 보자면, 우선 부모님과 자녀의 관계를 들 수 있다. 부모는 자녀가 태어난 후에 온전히 자신의 의도와 주관적인 양육방식에 의해 자녀들을 교육해 나가는 경우가 대부분이기 때문이다. 자신의 의견을 표현하기 어려운 영유아의 시기에는 더욱 더 부모의 일방적이고 주관적인 양육방식에 의해 자녀가 성장하기 마련이다. 이 시기에 많은 부모들은 말하지 못하는 어린 아이들의 생각을 알아차리지 못하고 자신의 방식이 가장 안전하다고 착각하기 쉽다. 예를 들어 부모의 권위주의적 양육태도와 대학생의 시험불안은 밀접한 관련이 있다. 부모의 권위주의적 양육태도를 경험한 사람일수록 사회적으로 부과된 완벽주의가 되기 쉬우며, 사회적으로 부과된 완벽주의 수준이 높을수록 시험불안이 높은 수치를 보여줄 수 있다. 결국 부모의 권위주의적 양육태도는 청소년의 심리사회적 적응에 부정적인 영향을 미치고 있기에, 개인의 불안정도는 부모에 의해 많은 영향을 받는 것으로 생각할 수 있다.

권위주의적 양육태도는 자녀를 양육함에 있어 많은 규칙과 제한을 부여하지만, 이는 부모 자신이 원하는 기준이기 때문에 부모가 제시하는 규칙을 자녀가 따르기만을 기대한다. 자녀가 이러한 기대에 못 미칠 경우엔 그에 응하는 처벌을 가하며 상호적 관계가 아닌 일방적이고 강압적인 태도를 보인다. 이때 자녀는 부모의 사랑과 인정을 받기 위해 실수나 잘못을 저지르지 않아야 한다고 생각하고 행동하며 결국 불안이 강화된다. 지나치게 엄격하게 키운 아이들이 불안수치가 높은 사람으로 성장하게 된다는 의미다.

이처럼 부모의 권위주의적 양육태도는 부모의 기대에 충족되도록 자녀에게 강요하고 부모의 기준에 의해 평가하는 양육방식을 의미하며, 이러한 태도는 자녀들에게 실수를 두려워하게 하고 항상 완벽해야 한다는 심리적 압박감을 주게 되어 결국, 시험불안이나 사회불안 등의 강도 높은 불안과 여러 가지 불안장애를 일으킬 수 있다.

Salecl은 과거에 어떤 사건으로 외상을 입은 주체는 흔히 그것이 다시 반복될 것을 불안해한다고 하였다. 이처럼 정신분석에서는 이미 초창기부터 불안과 외상의 연관성을 인식하고 있었으며, 불안은 통상적으로 그런 외상적 상황이 반복될 수 있음을 스스로 무의식적으로 상기시키는 신호로서 나타나게 된다고 하였다.

오늘날의 문화에서 권위와 연결된 불안들은 주로 부모의 양육태도에 의해 자녀에게서 나타나고 있는데 특히, 아버지의 역할과 관련되어 있다고 볼 수 있다. Freud는 불안이 주로 거세와 연관되어 있고 오이디푸스 단계에서 주체는 아버지와의 관계에서 특정한 불안에 시달린다고 하였다. 권위적인 부모의 양육과정에서 내재화된 비합리적인 신념은 성인이 된 후에 외부 권위자의 지시, 명령, 가치 등을 어린 시절 부모의 지배적 태도와 동일시하여 그것을 위반하면 죄의식과 불안감을 느끼게 된다. 이는 인간의 행동이 환경적 요소에 의해 결정되는 측면을 강조한 것으로서 결국 불안은 환경을 바탕으로 만들어진 정서라고 할 수 있다.

chapter

03

불안의 인문학

수많은 삶의 오솔길들 중에 보다 건강하고 보다 행복하게 살아갈 수 있는 길을 선택하는 것은 오랫동안 내재되어 있는 자의적 신념을 교정하여 새로운 사고의 방식을 깨닫는 것이다. 환경과 사회는 나의 의지대로 변화시킬 수 없는 것이므로 그것에 적응해 살아가는 개인의 생각을 변화시키는 방법을 찾아야 한다.

21세기를 살아가는 현대인들은 다양한 심리적 문제들을 안고 살아간다. 선택의 자유가 보장된 사회에서 그 자유는 곧 개인의 권리로 작용하여 더욱 다양한 선택과 기회의 가능성을 가지게 되었고, 그 가능성은 다양한 능력이 요구되는 현시대의 사회에서 오히려 불안을 야기하는 심리적 공간이라고 볼 수 있다. 과학의 발달로 인간 소외현상이 강해지고 있는 현시대에서 우리는 모두 불안하며, 불안의 위기 속에서 살아가고 있다.

현대인들이 가지고 있는 미래에 대한 두려움이나 사회적, 문화적 환경에서 비롯되는 과중된 스트레스는 인간이 가진 본질적 불안을 더욱 가중시키고 있으며, 그 불안이 지나치게 되면 일상생활에 부정적인 영향을 미치게 된다. 이토록 불안은 현대인이 가진 중요한 감정의 하나이며, 우리는 모두 그 불안으로부터 자유로울 수 없는 것이 사실이다. 그렇다면 '불안의 근원은 어디로부터 시작된 것이며, 불안은 어떻게 발현되는가'의 문제를 불안의 본질과 그 의미를 파악하고 이해하는 과정을 통해 탐구해 볼 필요가 있다.

Freud는 불안이란 인간이라면 누구나 가지고 있는 강렬한 감정으로서 인간의 많은 심리적 문제들의 근원이며, 그 집합점으로 존재하는 불안에 대한 올바른 해결은 개인의 실존을 스스로 성찰하도록 이끌고, 나아가 인간의 다양한 정신적 문제를 해결하는 데 도움을 줄 수 있다고 하였다. 나는 이러한 믿음을 근거로 '인간은 누구나 불안하다'라는 명제로부터 출발하여, 현시대에 가중된 스트레스에 대처하는 반응으로서 나타나고 있는 불안을 실존적 현상으로 바라보는 실존주의 관점에서 탐색해 보고 불안의 본질과 그 의미를 이해하고자 한다.

실존주의 철학을 바탕으로 불안에 대하여 가장 먼저 체계적인 연구를 한 사람은 Kierkeggard이다. 그가 정의하는 불안에 대한 관점은 자신의 삶을 통해 경험한 불안으로서, 불안이 인간의 실존을 이해하는데 있어서 매우 중요한 단초가 될 수 있다고 설명한다. 실존철학의 시조라고 불리는 그는 참된 진리는 어떠한 체계에 있는 것이 아닌, 개인의 내면적 실존과 관련되어야 한다고 주장한다. 실존주의적인 개념을 이해하는 기본적인 바탕에는 자유라는 주제가 자리하고 있다. 우리에게는 어떤 삶을 선택하고 영위할 것인가에 대한 자유가 있으나, 그 자유에는 책임과 선택이라는 것이 뒤따르게 된다. 이때 개인은 자신이 가진 권리인 자유에 의해 선택의 주체가 되고, 그 주체는 자유에 대한 책임을 지게 된다. 자유에 대한 인식이 높아질수록 불안은 높아지며 다른 것을 선택하더라도 삶의 고통이나 비극을 피할 수 있다는 보장은 없기 때문이다.

이처럼 실존주의 관점에서는 개인의 관점과 그것을 다루는 역량에 의해 불안을 삶의 실존적 현상으로 수용하고 자신이 선택할 수 있는 가능성들 앞에서 그에 따르는 책임을 인지하도록 해야 한다. 실존철학이 사변 철학의 보편적 체계 속에 한 부분으로 안주하고 있던 개인을 상세하게 분석해 낸 인간실존의 주목되는 특징은 불안이다. 불안은 실존주의자들이 아주 상세하게 분석해 낸 인간 실존의 중요한 특징이며, 불안이 공포와 혼동되어서는 안 된다. 공포는 그 대상을 가지고 있지만 불안은 구체적인 대상이 없는 진정한 실존을 위한 필수조건이라고 할 수 있기 때문이다.

실존주의 철학에서 바라보는 불안은 인간에게 있어 근원적인 것이며 불안의 본질은 인간에게 주어진 자유로부터 기인한 것이고, 그 자유는 더 큰 가능성을 부여하여 자유의 가능성으로 인해 더욱 가중된 불안을 의미한다. 즉 삶의 모든 것이 개인의 선택이며, 그 선택의 범위는 광범위한 가능성을 가지고 있다는 그 자유성이 오히려 더 큰 불안을 낳고 있다는 것이다. 개인에게 주어진 자유는 곧 책임을 동반하는 무거운 현실적 문제이며, 이는 역설적으로 자유의 범위가 확장될수록 불안은 가중되고 있다는 의미이다.

현대사회의 사회적 맥락에서 불안의 의미를 살펴보면, 21세기는 20세기와는 또 다른 불안의 시대이며 사회구조가 불안에 미치는 영향을 쉽게 알 수 있다. 시대의 흐름에 따라 사회적 불안의 양상은 달라졌지만, 여전히 불안을 느끼는 주체가 사회에서 차지하는 위치와 자기 인식의 변화는 밀접한 관련이 있다. 21세기의 주체는 스스로를 완벽히 통제해야 하는 자기 창조자이며, 이런 주체에게 방해가 되는 특성은 어떤 것이라도 문제로 분류되고 주체가 사회적 기대와 관련하여 경험하게 되는 내면의 동요는 불안으로 명명되고 있다.

결국 현대인이 경험하는 불안의 주된 원인은 개인의 사회적 역할과 자신의 정체성을 찾고자 노력하는 끊임없는 인간의 욕망, 그리고 삶에 대한 총체적인 불확실성이라고 할 수 있다. 우리는 예측하기 어려운 속도로 매일같이 급변하고 있는 과학의 기술과 다양한 문화적 패러다임을 접하고 불확실한 한국경제의 미래와 예측하기 어려운 개인적 삶의 앞날을 상상하며 매우 불안한 시대에 살고 있다.

삶의 미래에 대한 두려움은 다른 심리적 문제들을 동반하며 신체적인 문제까지 동반하게 만든다. 인간은 스트레스에 노출되면 스트레스를 유발한 그 대상에 대해 두려움이라는 인지과정이 일어나고 결국 불안이라는, 대상이 없는 감정에 침식된다. 스트레스는 현대사회의 사회 심리적 특징이며 문화적 산물이기에, 불안은 과학사회의 출현으로 합리성의 발달에 의해 더욱 가중되었다. 특히 포스트모던시대에 살고 있는 사회구성원들에게는 과학적인 틀에 의한 불안의 원인분석과 그에 따른 해결방안이라는 한계가 있다. 따라서 불안은 인간의 실존적 차원에서 다루어져야하며 사회적, 문화적, 개인적 맥락에 따라 불안을 구성하는 요소는 매우 다양하기 때문에 인간의 본질이라는 개념을 넘어 사회적인 맥락에서 반드시 다루어져야 할 사회 심리적 현상이라고 볼 수 있다.

능력이 우선시 되는 현대사회에서 인정받고 싶은 욕망에 강하게 지배되는 사람들을 흔히 볼 수 있다. 완벽하려고 노력하는 사람들은 현실에서의 실현이 어려울 정도의 높은 성취기준을 목표로 세워놓고 실패에 대한 두려움 때문에 늘 불안해하는 심리적 갈등을 경험한다. 앞으로 한 걸음도 나아가지 못할 것 같은 막막함을 안고 벼랑 끝에 선 듯한 극도의 불안을 경험해 본 사람은 잘 알고 있을 것이다. 스스로 조절하지 못하는 불안이 얼마나 자신을 위험에 빠뜨리게 하고, 나아가 삶을 위협하게 되는지도 경험해 보았을 것이다.

인간의 뇌 속에는 묻혀 버린 오솔길들이 많이 존재한다고 한다. 수억 개의 신경세포로 이루어진 신경회로들 중에서 어떤 것들을 가동시키고, 그 접속망을 어떻게 구성하느냐에 따라 불안이 달라질 수 있다. 불안이 우선 해결되고 나면 그 경험은 뇌 안에 새로운 신경 접속으로 자리를 잡게 되어, 지금까지와는 다른 방식으로 삶을 일구어 나갈 수 있는 용기를 얻을 수 있다. 과도한 불안은 여러 가지 삶의 문제와 괴로움의 정서를 끌어들여 비생산적인 방향으로 흐르게 하기 마련이며, 불안을 다루지 못해 불안에 끌려 다니며 고통스러워하고 불안장애의 판정을 받기까지는 스스로 컨트롤하지 못하는 감정으로 인해 힘겨운 시간을 보내야만 한다.

수많은 삶의 오솔길들 중에 보다 건강하고 보다 행복하게 살아갈 수 있는 길을 선택하는 것은 오랫동안 내재되어 있는 자의적 신념을 교정하여 새로운 사고의 방식을 깨닫는 것이다. 환경과 사회는 나의 의지대로 변화시킬 수 없는 것이므로 그것에 적응해 살아가는 개인의 생각을 변화시키는 방법을 찾아야 한다.

인간의 스트레스는 언제나 불안으로 시작되며, 불안의 좋고 나쁨의 가치를 매기는 기준은 불안 그 자체에 달린 게 아니라 개인이 그 불안을 어떻게 다루느냐가 중요한 문제이다. 불안을 스스로 컨트롤 할 수 있다면 문제를 성공적으로 해결하는 과정을 경험하게 되고, 그러한 극복의 경험을 통해 스스로의 행동을 기쁘게 여기게 되는 긍정적인 영향을 줄 수 있다. 또한 그러한 과정을 통해 불안을 더 이상 두려워할 필요가 없음을 깨닫게 되어 개인에게 스스로의 삶을 변화시킬 수 있는 가능성을 제공하는 기회가 될 수 있다.

앞에서 언급했듯이 불안의 개념과 자유의 개념은 공존하기 때문에 개인의 창조적 활동에는 불안이 바탕이 되며, 생산적 활동을 하지 않으려는 사람은 불안에 직면하지 않고 회피하려고 하는 경향이 있다. 즉 어려운 난관 앞에서 시련을 마주하지 못하고 도망쳐 버리는 심리는 고립을 유발하고, 그것은 사회적으로도, 기능에서도 어려움이 있다. 결국 불안은 실존적 현상이자 자기 자신을 찾아가는 계기이며, 자기화를 가능하게 하는 것이라고 할 수 있다.

인간이라면 피할 수 없는 불안이 반드시 우리에게 부정적인 영향을 주는 것은 아니라는 관점이 불안의 연구를 시작하는 동기가 되었다. 피할 수 없는 실존적 불안을 생산적인 방향으로 다루고 불안이 가진 에너지를 긍정적으로 활용한다면, 삶의 열정으로 승화시켜 곧 삶의 원동력이 될 수 있는 중요한 요소가 될 수 있다고 생각했기 때문이다. 적절한 동기를 가지고 적절한 방식으로 느끼는 불안은 오히려 바람직하며 훌륭한 삶의 에너지가 될 수 있다는 것이 나의 개인적 삶의 경험을 통해 가지게 된 믿음이다. 나는 불안에 대한 내 자신의 실제적 경험을 통해, 대부분의 사람들이 불안을 제거하고 마음이 평안한 생활을 하려고 노력하지만 불안은 오히려 인간의 행복을 추구하는 동기가 될 수 있다고 깨달았다.

chapter

04

불안장애에 대한 치료

인지치료는 개인이 경험한 특정 사건이 개인의 감정을 유발하는 것이 아니라, 그 사건에 대한 개인의 해석과 반응하는 방식이 감정을 유발하고 나아가 행동을 결정하는 단초가 된다는 것이 핵심원리이다.

불안장애를 치료하는 방법들 중 하나인 인지행동치료를 소개하고자 한다. 일상생활에서 지속적으로 높은 불안을 느끼는 사람들이 인지치료의 원리를 이해할 수 있다면 스스로 생활 속에서 조금씩 적용해 볼 수 있는 방법이다. 이 치료방법들의 원리를 이해할 수 있다면 개인은 자신의 인지적 작용과 사고와 감정의 흐름을 스스로 파악하며 자신을 객관적으로 면밀히 관찰하는 과정을 통해 불안에 대한 새로운 관점과 그 대처방법을 깨달을 수 있다.

1. 인지행동치료

인지행동치료(Cognitive Behavior Therapy: CBT)는 개인의 사고가

정서와 행동에 영향을 미친다는 원리로 시작된 행동치료와 인지치료를 통합한 심리치료 모델이라고 볼 수 있다. '인지'(Cognition)란 용어는 라틴어의 'Gnos'에서 파생된 언어로서 '영적 세계 또는 미지의 세계를 알다. 또는 경험하다'라는 의미를 지닌 'Cognosco'에서 유래되어 현재는 보다 넓은 의미로 사용되고 있다. 따라서 '인지'란 인간의 포괄적 인지를 의미하고 인간이 지각하고 살아가는 모든 체계를 지칭한다고 볼 수 있다.

인지행동치료는 인간의 행동을 유도하는 것은 바로 인지라고 여기고, 인지를 교정함으로써 행동을 변화시킬 수 있다고 믿는다. 인지행동치료는 인간의 삶을 변화시키는 주된 특성을 인지에서 찾으려 하며, 인지를 변화시킴으로써 감정과 행동을 모두 변화시킬 수 있다고 믿는다. 인지행동치료는 인간은 합리적이고 현실적인 사고를 할 수 있으며, 비합리적이고 왜곡된 생각을 할 수도 있다는 전제로 출발한다. 개인의 사고는 삶의 경험과 더불어 신념이 되고, 그 특정한 개인의 신념은 특정한 감정이나 특정한 행동을 발현한다. 따라서 인지를 변화시킴으로써 감정이 변화하고 결국엔 행동까지 변화한다는 것이 인지행동치료의 핵심원리라고 할 수 있으며, 여기서 변화시켜야 할 인지란 개인 자신과 타인, 그리고 세상에 대한 고정관념을 의미한다.

또한 인지행동치료에서는 '인지'와 '행동'이 따로 구별되는 개념이라고 보지 않는다. 인간의 행동은 인지적인 부분과 행동적인 부분이 상보적 관계에 있는 것으로 이해될 수 있기에, 어느 한 쪽의 변화는 다른 쪽의 변화를 일으킬 수 있다고 보기 때문이다. 이러한 원리를 바탕으로 인지행동치료는 개인의 생각이 감정과 행동에 영향을 미친다는 이론을 중심으로 개인이 직면하는 대부분의 문제에 대한 치료 목표와 전략을 세울 수 있다.

인지행동치료는 일정한 환경에서 반복되는 패턴적 사고가 변하지 않는 강력한 핵심적 믿음을 가지고 있는 사람에게 인지와 더불어 행동까지의 변화를 이루기 위한 목표를 가지고 인지의 재구성과 행동의 전략 과정을 시도한다. 인지행동치료의 다양한 모델들 중 핵심 모델에 포함된 치료 과정에 대한 원리와 절차는 각각의 모델에 따라 다양성이 드러나고 있으나, 인지치료와 다른 인지행동치료 모델들의 통합적 개입과 응용이 가장 효과적으로 감정을 조절할 수 있도록 도와주는 통합된 심리치료라고 할 수 있다. 인지치료의 핵심은 왜곡된 사고의 인지오류가 개인의 삶에 직접적인 영향을 미치는 불안과 우울, 그리고 대인관계의 갈등을 발현시킨다고 보며, 이를 분석하는 과정을 통해 보다 긍정적이고 합리적인 사고로 교정하여 삶을 기능화하는 데 초점을 둔다.

1) 인지치료

인지치료(Cognitive Therapy: CT)와 인지행동치료의 용어는 흔히 호환되어 사용되어 왔으나, 인지행동치료는 보다 광범위한 개념이며 인지치료의 접근이 행동전략과 함께 사용될 때 사용된다. 인지행동치료는 특정한 이론적 혹은 치료적 모델을 지칭하는 것이 아니라 인지행동치료의 전통적 모델들과 최근에 개발된 수용기반 모델 및 마음 챙김 모델까지 모두를 포함하는 보다 넓은 의미의 이론 및 개입을 의미한다. 따라서 인지치료는 특정한 개별적 치료 모델과 대조할 수 있는 개념이 아니며, 인지행동치료의 범주 내에서 구체적인 모델을 구분하여 다루는 의미 있는 구분이 필요하다.

인지모델은 Beck에 의해 1960년대에 개발되었으며, 그는 인지행동치료자들 중 가장 많이 알려진 사람으로서 정서장애에 대해 처음으로 인지행동치료를 사용하기 시작하였다. 특히, 인지행동치료의 초기에는 주로 우울증 환자들을 치료하면서, 개인이 어떤 상황을 인지적으로 부적절하게 구조화하고 개념화하는 과정에서 정서적 어려움을 경험하게 된다는 것을 발견하게 되었다. 정서적 장애를 경험하는 사람들은 어린 시절의 경험에 의해 특정한 내용에 대한 인지도식을 형성하고 있으며, 부정적인 사건에 부딪히게 되면 그 사건의 의미를 자신이 도식화한 특정한 방향으로 왜곡하여 해석하게 된다는 것을 발견한 것이다.

이와 같이 인지치료는 개인이 경험한 특정 사건이 개인의 감정을 유발하는 것이 아니라, 그 사건에 대한 개인의 해석과 반응하는 방식이 감정을 유발하고 나아가 행동을 결정하는 단초가 된다는 것이 핵심원리이다. 인지치료의 치료적 원리의 이해를 돕기 위해 Beck의 인지치료 원리를 저자가 이해한 대로 재구성한 모형을 소개하면 다음과 같다.

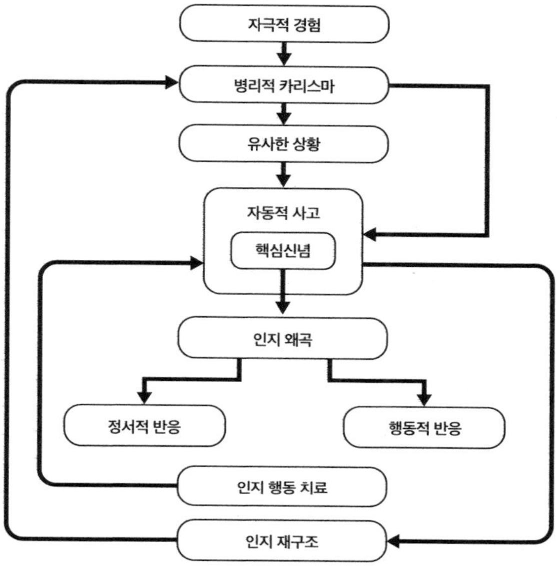

Beck의 인지치료 원리의 모형

- 스키마

스키마(Schema)는 핵심 신념을 수반하는 '정신 내의 인지 구조'를 의미한다. Beck은 스키마를 정보처리기능과 행동을 지배하는 규칙으로 보았으며, 핵심 신념이 반영하는 자신, 타인, 세계, 그리고 미래를 바라보는 개인의 특유하고 습관적인 방식이자, 인지치료과정의 핵심으로 보았다. 스키마는 지각, 심상, 기억, 판단, 그리고 의사 결정을 포함하는 사고의 다양한 측면들을 왜곡하고 얼굴 표정이나 신체적 증상과 행동에 영향을 미치며, 그것은 자각 없이도 가능하다. 스키마의 활성화는 정서, 자동적 사고, 행동을 촉발하며, 그러한 증상 요소의 변화가 이루어지면 스키마의 변화도 일으킬 수 있다. 즉, 스키마는 개인의 과거경험으로부터 고정되어 조직화된 인지적 구조로 정의할 수 있다.

인지치료에서는 개인이 자극을 선택적으로 받아들이고 의미를 해석하며 주관적 경험을 구성하는 인지적 틀로서의 스키마에 주목한다. 특히 개인이 과거의 경험에 의해 생긴 기존의 스키마에 부합되는 정보들에만 선택적으로 관심을 기울이는 편향된 정보처리로서의 '역기능적 스키마'를 중요한 치료 대상으로 삼는데, 그 이유는 스키마는 쉽게 변하지 않으며 지속적으로 유지되는 저항성을 지니고 있기 때문이다. 또한 스키마는 축적된 정보를 끄집어내며, 입수되고 있는 자극들을 선별, 기록, 분류 및 평가하는 데 영향을 준다.

스키마는 개개인이 매우 효과적인 방법으로 정보를 처리할 수 있도록 도와주지만 처리의 유형을 고착화시킬 수 있기 때문에 부정적으로 왜곡하고, 잘못 적용되며, 또는 엄격하게 자기를 영속시킬 수도 있다. 따라서 개인이 어린 시절 동안에 자기 스키마를 구축하고, 일련의 비슷한 경험들을 접하게 되면 이는 점차 강화될 수 있으며, 인지치료에서 다루는 증상들(정서, 인지, 행동)은 스트레스를 주는 사건에 의해 스키마가 활성화되었을 때 일어난다고 볼 수 있다.

- 자동적 사고

자동적 사고(Automatic Thoughts)란 의식적 노력과 주의 없이 자동적으로 일어나는 것이고 그것에 특별히 집중하지 않는 한 자각하지 못하는 사고로 정의할 수 있으며, 우울이나 불안 같은 감정을 경험할 때 특정 상황과 관련지어 자신도 모르게 자동적으로 떠오르는 생각을 말한다. 이는 정서적인 반응으로서 특별한 정서적 자극에 의해 유발되고 개인의 선택이나 노력에 의하지 않고 자동적으로 일어난다. 어떤 생각을 빈번하게 반복하게 되면 그 생각이 습관화되고 일반화되어 자동적으로 진행되며, 그 특정한 생각은 결국 사고의 오류가 대부분이다.

인지치료에서는 그러한 습관이 자신의 생각을 무비판적이고 무조건적으로 수용하게 되어 부정적인 정서와 행동을 유발할 수 있기에 자동적 사고가 불쾌한 정서나 우울 등 많은 다른 현상에 관계한다고 보고 있다. 자동적 사고와 행동의 변화는 스키마의 변화를 이끌어 낼 수 있으며, 스키마를 치료하기 위해 계획된 인지치료는 스키마와 연결되어 있는 자동적 사고와 부적응적 사고를 표적으로 하기 때문에 자동적 사고와 행동의 변화가 스키마의 변화를 이끈다는 명제는 중요한 임상적 함의를 가진다. 이는 인지치료에서 표적이 되는 사고와 행동의 변화가 이루어지면, 사고를 이끌어 내는 바탕의 핵심으로서 도식화된 스키마에도 영향을 미쳐 스키마의 변화도 이루어질 수 있다는 것을 의미하며, 이러한 인지요소들의 순환적인 관계가 가진 원리는 다음과 같이 이해할 수 있다.

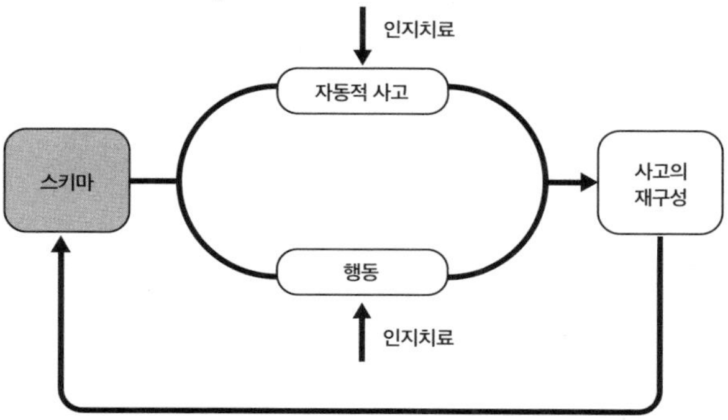

인지치료에서 스키마 변화의 원리 모형

부정적 자동적 사고는 여러 유형으로 나타날 수 있으며, 부적절한 인지의 구조는 부정적인 생각을 유발하여 우울한 감정으로 이어지고 결국 부정적 행동을 하도록 만든다. 부정적인 생각이 반복적으로 습관화되면 의식적 의도가 없이 자동적이고 지속적인 양상으로 나타나기 때문에 인지치료에서 핵심적으로 다루는 개념이다. 또한 개인이 과거의 특정한 경험으로부터 가지게 된 인지적 취약성을 중심으로 한 스키마의 개념은 인지치료에서 또 하나의 중요한 개념으로서, 개인이 주변과 환경의 자극을 선택적으로 수용하고 그 자극의 의미를 해석하며 자신의 경험을 스스로의 방식으로 구조화하는 인지적인 틀을 의미한다. 이러한 인지 과정의 순환은 인지치료의 과정에서 중점적으로 다루어지며, 내담자는 자신의 문제를 재구성하여 보다 효율적이고 합리적으로 세상을 바라보는 새로운 관점을 가질 수 있게 된다.

인지치료는 개인이 경험한 특정 사건이 개인의 감정을 유발하는 것이 아니라 그 사건에 대한 개인의 해석과 반응하는 방식이 감정을 결정하고 나아가 행동을 결정하는 단초가 된다는 원리를 바탕으로, 치료자는 내담자로 하여금 자신의 자동적 사고의 내용을 인식하게 함으로써 그것이 다른 정서에 부정적 영향을 미칠 수 있는 가능성을 감소시키도록 돕는다. 치료의 과정에서는 내담자의 심리적 문제가 인지적 요인과 밀접한 관계가 있음을 내담자 스스로 충분히 이해할 수 있도록 인지치료의 기본 원리를 이해시킨 후, 내담자의 심리적 증상을 야기하는 부적응적인 자동적 사고를 탐색하고 왜곡된 사고의 타당성과 유용성을 함께 살펴본다. 그리고 왜곡된 사고를 보다 현실적이고 합리적인 대안적 사고로 교정하여 과거에 습관화 되었던 부정적 사고가 일상생활 속에서 나타날 때마다 내담자 스스로 합리적 사고로의 방향으로 빠른 시간에 대체하는 훈련을 꾸준히 할 수 있도록 격려하며 조력한다.

2.) 자기교시훈련

자기교시훈련(Self-Instructional Training: SIT)은 과제에 대한 수행과정에서 스스로 건강하게 말해가면서 실행하는 것에 중점을 두고 있다. 아동의 문제행동은 언어적 지도의 결핍에서 비롯된 것이며, 성인의 경우는 부정적이고 비합리적인 자기 진술적 언어 때문이라는 관점에서 시작되었다. 따라서 자기교시훈련기법을 활용한 치료는 부정적이고 비합리적인 사고에서 비롯된 자기 진술을 긍정적 자기 진술로 교정하는 훈련을 적용하는 것이다. 부정적인 표현방식이 쉽게 바뀌지 않는 이유는 고정된 신념에서 비롯되는 자기진술패턴이 고정되어 있기 때문이라고 보고, 내담자가 자발적으로 긍정적이고 합리적으로 말하는 훈련을 하도록 하는 행동수정의 일환이며, 인지적 요인의 역할이 중요함을 강조한 치료기법이다.

자기교시훈련치료의 프로그램을 개발한 Meichenbaum의 연구는 언어적 자기교시와 행동 간의 관계를 연구하며 시작되었다. 특히 충동적인 아동 개인의 결핍을 치료하기 위해 자기교시훈련기법을 고안하였고 치료 프로그램의 목표는 다음과 같은 4단계로 구성된다. 첫째, 언어적 자기지시를 만들어서 그것에 적절하게 반응하도록 훈련시키기. 둘째, 자기만의 언어적 통제 하에서 행동을 하도록 내면 언어의 개입을 강화하기. 셋째, 이해, 산출, 개입 등의 개인적 결핍을 극복하기. 넷째, 자신의 행동을 적절하게 자기조절하기로 구성된다.

이러한 치료의 단계는 인지행동치료기법에서 성인들을 대상으로 적용할 수 있으며, 언어가 인지에 미치는 영향을 살펴볼 수 있는 과정이 될 수 있다. 따라서 자기교시훈련은 치료단계에서 부여되는 과제에서도 적절한 언어화를 요구하고 있으며, 내담자의 언어적 반응에 치료자는 반응을 교정하도록 돕고 언어의 범위를 확장할 수 있도록 돕는 것이 특징이라고 볼 수 있다.

3) 불안관리훈련

불안관리훈련(Anxiety Management Training: AMT)은 역조건화 원리를 기초로 하여 불안의 문제에 적용되는 치료기법으로서, 불안을 조절하기 위한 일반적인 접근법이며 내담자의 광범위한 문제의 영역에 적용할 수 있는 단기대처기술훈련 프로그램으로 개발되었다. 이 접근은 자기 통제 기술로서 불안으로 고통 받는 대상자가 현재 경험하고 있는 불안뿐만 아니라 앞으로 경험할 수도 있는 불안의 가능성까지 완화시킬 수 있는 자기 통제력을 발달시키기 위해 개발된 인지행동치료의 기법 중 하나이다.

불안관리훈련의 모델에서 불안이란 자극에 일반화되는 속성이 있는 획득되어진 추동(Acquired Drive)이라고 가정한다. 불안과 연결된 자동적 반응은 회피행동을 촉진하고 유지하게 하는 중요한 단서의 역할을 한다. 내담자는 상호억제(Reciprocal Inhibition) 과정을 통해 새로운 단서에 반응함으로써 불안을 감소시키도록 할 수 있다. 즉, 불안관리훈련은 불안을 유발하는 특정한 자극에 각별히 민감하게 반응하지 않도록 훈련하여 불안을 감소시키는 기법이다.

치료의 단계에서 내담자는 불안을 유발하는 장면을 의식적으로 떠올린 후, 그 상황에 대처하는 이완 기술을 연습하거나 특별한 어려움 없이 자극에 반응하는 자신의 모습을 상상하도록 지시를 받는다. 내담자는 대체적으로 불안이 강하게 유발되는 상황이 현실에서 계속해서 반복적으로 발생하기 때문에 그러한 특정한 상황에 대처하는 새로운 방법을 상상하기 위한 방법으로서 예술치료 프로그램 중에서 역할극으로 제안할 수 있다.

또한 불안관리훈련은 자기 감시를 발달시키기 위해 내담자에게 일지나 일기를 쓰기 등의 행동들을 제안하는데, 그러한 기록들은 내담자가 치료 과정에서 학습한 것들이 어느 정도 훈습이 되고 있는지, 어느 정도 발전을 이루고 있는지에 관하여 치료자가 파악할 수 있도록 할 뿐만 아니라, 학습된 기술들의 일반화를 촉진시킨다. 또한 특정한 상황에 대하여 반복되는 불안뿐만 아니라, 내담자의 특정한 상황의 자극과는 무관한 여러 가지 상황에서의 불안에 대처하는 연습을 함께 할 수 있다.

이와 같이 불안관리 훈련은 자기를 통제하는 기술로서 불안으로 고통 받는 대상자가 인식하고 있는 상황에 대한 불안뿐만 아니라 그들이 앞으로 경험할 수 있는 여러 형태의 불안들까지도 감소시킬 수 있는 전반적인 불안에 대한 자기통제능력을 발달시키기 위하여 개발된 예방적인 접근의 행동치료 기법이다. 따라서 불안관리훈련의 목표는 내담자에게 감정의 이완과 잠재된 능력의 기술을 사용하여 자신의 불안을 조절하도록 돕는 것이며, 불안을 드러내는 인지적, 생리적, 신체적 징후들의 반응들을 확인하고 그러한 징후들이 서로 상호보완적으로 조절해 나갈 수 있는 훈련이 가능하다는 원리를 바탕으로 한다.

4) 통합인지행동치료

21세기는 정신분석에서부터 멜로드라마치료(Soap Opera Therapy)에 이르기까지 400여개 이상의 상담이론들과 심리치료들이 존재하며, 이러한 다양한 기법들을 연계시켜 보다 거시적인 종합적 이론들을 통합하여 실제 임상현장에서 이루어지고 있다. 심리치료 접근의 응용은 인지행동치료에서도 많은 성과를 이루고 있으며, 더욱 효과적이고 효율적인 통합인지행동치료(Integrative Cognitive Behavior Therapy: ICBT)의 개입과 실용화가 요구된다. 효과적인 심리치료는 그것의 고유한 명칭에 의해 규정되는 것이 아니라, 내담자의 상태와 욕구에 얼마나 잘 부합되는가에 의해 결정되어야 한다. 통합적 접근의 치료방법들은 다양한 인간의 감정과 흥미와 개성, 그리고 인간심리의 복잡성과 총체성을 바탕으로 하기 때문이다.

인지행동치료는 심리적 문제들을 보다 효과적으로 대처할 수 있도록 돕는 여러 치료 요소들을 통합적으로 적용하는 것이다. 이 요소에는 특정한 유형의 문제들이 발생하여 계속 반복되는 방식과 어떻게 의미와 행동이 변화하는지에 대한 일반적 원리, 그리고 이러한 일반적 요소들이 특정한 개인이 심리적 고통을 경험할 때 어떻게 고도로 특화된 징후들을 나타내는지에 대한 과학적 이해 등이 포함된다. 이러한 맥락에서 다양한 심리치료기법들을 통합하고자 하는 통합인지행동치료 접근의 연구들이 검증되고 있어, 통합인지행동치료의 방법은 인지행동치료의 한 가지 모델만을 다루는 경우보다 더욱 효과적임을 입증하고 있다.

2. 통합예술치료

나를 혼란스럽게 만드는 내 안의 수많은 감정들, 지식으로 해석되지 않는 모순된 사고와 행동들, 결국 드러내면 그토록 좋은 것을... 예술치료는 나 자신과의 미학적 소통을 가능하게 하는 유일한 통로이다.
인간의 모든 기억은 이미지로 무의식의 창고에 간직된다. 과거에 경험했던 모든 일들을 떠올려 보면 순간의 기억들이 이미지로 떠오른다. 과거의 경험을 시간과 장소, 그리고 인물과 행동에 관하여 수많은 텍스트로 정리되서 기억된 적이 있는가? 기억은 그렇게 떠오르지 않는다. 밤사이 꾸었던 꿈도 이미지로 기억되는 건 마찬가지이다. 그러므로 우리들의 무의식은 이미지로 떠올라 있는 그대로, 또는 가장 방어가 감소된 상태로서 화폭에 옮겨질 수 있다. 이처럼 심상을 떠올리고 표현해보는 연습은 자신을 이해할 수 있는 가장 안전한 방법이다. 이때, 혼자 해보는 것보다 더욱 효과적인 것은 누군가 온전히 공감해주고 수용해주는 사람이 옆에 있어주는 것이다. 치료자는 모든 과정을 지켜봐주며 그 과정을 스스로 버틸 수 있도록 더 큰 힘으로 버텨주는 역할을 한다.

무의식의 이미지가 화폭에 '툭'하고 나왔을 때, 그림을 그린 사람도 왜 그런 이미지가 나왔는지 바로 이해하기는 어렵다. 어떤 이미지는 매우 구체적인 형태이지만, 어떤 이미지는 너무나 추상적이고 그저 낙서처럼 보일 뿐이라서 그 이미지를 통해 무의식이 보내는 메시지를 발견하기가 쉽지 않다. 바로 그 과정을 도울 수 있는 사람이 치료자의 중요한 역할이다.

인간의 의식이 무의식을 방해하고자 늘 애쓰고 있으니 언어를 통해서

만 무의식의 자료들을 이끌어 내는 것은 무척 어려울 수 있다. 무의식의 창고에 저장되어 있는 기억의 이미지들을 갑자기 끌어내는 것 또한 쉽지 않다. 이때, 그림이라는 미술영역의 작업에 무의식의 창고에 가장 빨리 문을 두드릴 수 있는 음악을 함께 사용한다면 훨씬 수월해진다. 인간의 감정에 가장 빨리 영향을 미치는 것은 바로 음악이기 때문이다. 음악을 사용하여 보다 쉽게 화폭에 '툭' 떨어진 이미지를 바라보고, 생각하고 이해하는 과정을 치료자가 돕고 새롭게 통찰이 일어나는 과정이 온다면, 그 시간은 최고의 작업이 될 수 있다.

새로운 통찰이 내담자에게 스스로 일어나면 그동안 습관처럼 고정되어 있던 자신의 생각에 변화가 올 수 있다. 이 새로운 생각을 정리하고 온전히 내 것으로 명료화하기 위해 가장 좋은 방법은 글을 써보는 것이다. 긴 글이 필요하지 않고 그저 간단히 한 문자이면 충분하다. 이것이 바로 통합예술치료의 기본적인 과정의 한 예시이다. 통합예술치료는 무척 즐겁고 흥미로우며 새로운 영역이다. 치료자로서 나는 불안장애를 가진 한 사람의 정서 표출과 자기이해를 돕기 위하여 통합예술치료를 도구로 사용하였다. 본 치료의 프로그램에서 통합적으로 다룬 예술영역은 미술, 음악, 문학, 동작, 연극, 영화의 6개의 영역이며, 매회기 두 가지 이상의 영역을 통합하여 활동의 접근 방법과 그 의미가 서로 연결되도록 함으로써 매회기 프로그램의 효과를 상승시키고자 하였다.

통합예술치료는 미술, 음악, 무용, 연극, 영화, 문학 등과 같은 다양한 예술매체를 두 가지 이상 적용하여 각 예술매체가 갖는 장점을 상호 보완적으로 통합하여 실시하는 예술치료이다. 인간의 시각, 청각, 후각, 촉각, 미각 등의 감각은 상호보완적인 관계를 가지며, 인간의 모든 경험은 여러 감각이 함께 적용이 되어 공감각을 활용하게 된다. 그러므로 다양한 예술 활동을 통한 여러 감각의 활용은 하나의 예술매체를 통한 감각 활동보다 치료의 가능성과 그 영역을 더욱 넓힐 수 있는 효과를 기대할 수 있다. 따라서 통합예술치료는 타 예술분야의 형태 및 매체와의 결합을 통하여 내담자에게 보다 다양한 미적경험을 제시하고, 그들의 감정과 감각을 통합적으로 사용하게 하여 치료의 가능성을 확대시키는 것을 목적으로 한다.

통합적 방법의 예술심리치료가 시작된 궁극적 목적은 인간은 복합성을 지닌 존재라는 인간존재의 본질적 접근과 다양한 인간세계를 이해할 수 있는 보다 효과적인 심리치료를 개발하는 데 있었다. McNiff는 모든 다양성의 근본이 되는 하나의 통합된 관점은 창조적 과정을 통해 확인할 수 있고 이것은 우리의 삶을 변화시킬 수 있는 방법이 될 수 있으며, 인간의 다양한 감각들과 예술영역은 서로에게 유기적으로 영향을 주고 있기에 자연스러운 조합이 이루어진다고 하였다. 따라서 인간의 다양성과 인간이 사용하는 여러 감각, 그리고 인간은 복합적인 존재라는 개념을 근거로 한 '다양성'과 '총체성'이라는 요소가 통합예술치료의 바탕이 되는 핵심원리라고 할 수 있다.

통합예술치료 분야의 발전과정을 살펴보면, 그 초창기에는 미술치료나 음악치료와 같이 독특한 원리를 가진 각 예술분야의 심리치료로서 독자적인 분야로 발전되어 왔으나, 1960년대 초부터 연극과 관련된 음악, 의상, 무대그림, 각본 등의 여러 영역의 예술이 함께 이루어지는 현상에서 시작되었다. 1969년부터 1989년의 기간은 미술치료에서의 새로운 접근법이 급속히 다양화되는 변화의 시기였으며, 1970년대 초에는 '통합예술치료의 창의적 치료'라는 개념이 새롭게 부상하였던 시기였다. 이때, Petzold는 신체와 정신과 영혼의 총체적 유기체인 인간의 총체성, 그리고 개인의 차별성과 다양성에 근거하여 미술, 음악, 춤, 동작, 드라마, 시 등의 예술을 통합적으로 치료에 사용하기 시작하였고, 그 이후로 통합예술치료는 '표현예술치료', '창의적 매체를 사용하는 통합치료'로 혼용되어왔다.

표현예술치료는 창의적인 예술치료 공동체의 일부분이며 뚜렷한 하나의 학파로서 다양하고 통합적인 예술치료의 개념으로 정의되기도 한다. 통합예술치료와 표현예술치료는 큰 틀에서 함께 사용될 수 있으나, 통합예술치료는 각 예술분야를 통합하는 접근 방식에 초점을 두고 사용되고 표현예술치료는 창조적 표현의 다양한 예술매체의 총체적 특성에 초점을 두고 사용된다고 볼 수 있다. 따라서 통합예술치료는 두 개 이상의 예술영역이 동등하게 다루어지는 방법과 한 가지 예술영역을 중심으로 다른 예술영역들이 적절하게 적용이 되는 방법으로 나누어 볼 수 있으며, 이러한 방법은 내담자의 기호와 취미, 그리고 정서적 상태에 따라 다양한 개입이 가능하다. 통합예술치료는 내담자의 의견이 최대한 반영될 수 있어 특정한 예술영역에 대한 거부감이나 주저함을 줄이고, 선호하는 예술영역에 대한 적극적 활동을 이끌어 낼 수 있다.

3. 불안장애에 대한 통합예술치료

통합예술치료에서 창작의 과정은 수많은 기억들을 회상하는 경험을 하게 하며, '지금 여기'에서 과거의 경험을 재현하는 과정을 통해 치료적 효과를 기대할 수 있다. 또한 다양한 예술의 통합적 창작의 과정은 다양한 매체를 사용하여 비언어적 작업을 함으로써 내재된 감정을 표출시키고 카타르시스를 느끼게 되어 감정의 통합을 이루는 효과가 있다. 이러한 원리를 바탕으로 통합예술치료는 다양한 대상들의 심리적, 정서적 치료에 효과적인 것으로 많은 연구들에 의해 밝혀지고 있다.

각 예술치료의 영역에서는 그 예술의 고유한 특성이 있으며, 인간은 개인마다 다양한 호기심과 흥미, 그리고 성향과 잠재력을 가지고 있고 매회기 프로그램에 임할 때 같은 감정과 생각으로 임할 수는 없기에 다양한 예술영역을 통합하여 활용한다면 불안의 정서적 측면에서의 효과를 높일 수 있다. 또한 다양한 예술매체의 통합적 활동은 평소에 인식하지 못했던 자신의 잠재력과 흥미를 새롭게 깨닫게 되는 기회를 제공하여, 자신에 대한 새로운 발견을 통해 문제에 대한 새로운 통찰을 경험하고 개인의 변화를 촉진시킬 수 있다.

창의적 과정은 내담자에게 더욱 솔직한 자기표현과 즉흥적이고 자발적인 참여를 독려하여 부정적이고 제한적인 사고의 패턴을 효과적으로 제거한다. 이는 어떤 상황이나 대상에 대해 왜곡된 생각이나 비합리적 신념을 특징으로 가진 불안장애에 통합예술치료가 적용될 수 있음을 의미한다.

4. 인지행동치료와 통합예술치료의 통합 원리

인간은 예측하지 못했던 상상력을 다양한 방식으로 표현하게 될 때 인지와 정서의 단계에서 경이감과 통찰력을 경험할 수 있으며, 하나의 매체에서 다른 매체로 넘어가는 과정이 그 주된 초점이 된다. 다양한 예술의 통합은 사람들이 한 가지 매체로는 지속하기 어려운 표현의 흐름을 확립하는 것을 돕고, 다양한 예술형태를 접목할 때 서로의 영역을 침투하는 실험정신과 즐거움이 발생하는 경향이 크다. 이처럼 표현의 과정이 몇 가지 다른 매체를 포함하며 확장될 때 우리는 한 가지 표현양식에 덜 고립된다. 다양한 표현들은 어떠한 심리학적, 치료적 통찰보다 사람들에게 더 큰 영향을 주는 전체론적인 과정이나 창조적 생태학을 만들어간다.

다양한 예술의 통합은 단일한 표현양식을 벗어나 그 표현방식을 확장시켜 새로운 방식을 구성하는 과정이다. 이는 인지행동치료의 핵심개념으로서 잠재된 신념의 확장과 사고의 재구성을 통해 새로운 신념을 조망하는 과정과 같은 맥락으로 이해할 수 있다. 통합예술치료의 관점으로 볼 때, 어느 한 사람이 특정한 표현의 형태나 특별한 예술의 영역에 관심을 보이면 그 창의적인 과정을 하나의 매체로 제한시키기 보다는 다른 영역에 대한 가능성들을 강화하도록 해야 한다. 이는 인지행동치료에서 정서에 대한 의지적, 통제적 조절에 그치는 것이 아니라 대안적인 정보처리과정을 반복적으로 학습함으로써 정서적 정보처리편향의 개선을 가져올 수 있다는 개념과 맥을 같이한다.

인지행동치료에서 중요시 되는 '반복'은 특정한 상황에서 발현되는 자신만의 고정된 믿음을 현실적이고 합리적인 관점에서 바라보고 새로운 해석을 취하는 훈련을 일상생활을 통해 스스로 반복해야 되는 훈습의 개념으로 설명될 수 있다. 이 '반복'의 개념은 통합예술치료에서도 활동에 대한 반복의 중요성을 강조하고 있어 두 치료의 이론에서 모두 강조되고 있는 것으로 볼 수 있다. '반복'은 리듬적인 것이며, 특히 신체의 움직임과 목소리의 표현에서 중요한 요소이지만 제스처나 이미지를 반복하는 특성을 가지고 있기 때문에 시각예술, 시, 그리고 미술 퍼포먼스 활동에 적용됨으로써 사람을 자유롭게 하는 힘을 가지고 있다.

인간은 어떤 행위를 반복할 때 어떤 형상을 만들어 가게 되고, 개인이 가진 고정된 사고로부터 독립되어 평소에 예상하지 못했던 고유한 형태를 생성해 낼 수 있다. 이처럼 예술치료의 모든 과정은 재창조의 작업 과정에 기반을 두고 있는데, 이는 생각의 구조를 새롭게 변화시키는 인지행동치료의 핵심개념에 적용할 수 있다.

인지행동통합예술치료는 인지행동모델에서 인지재구성의 과정을 통해 정서와 행동의 변화를 이룰 수 있다는 믿음으로, 다양한 예술매체를 통해 표현을 촉진함으로써 치료목표를 이루어나가는 영역으로 설명할 수 있다. 이러한 통합적 접근은 두 가지 이론의 독자성을 부정하고자 함이 아니라, 내담자의 자기표현향상에 긍정적 효과를 주고자 활용될 수 있다. 예술치료를 통한 창조적 활동은 사고의 재창조, 즉 사고 재구성의 가능성을 조망해 볼 수 있으므로 인지 재구성을 핵심원리로 하는 인지행동치료와 같은 맥락에서 다루어 볼 수 있기 때문이다. 또한 통합된 예술적 표현의 원리인 '복합성'은 인간의 복잡한 심리적 특성과 인간 경험의 복합성과 동일한 맥락에서 다룰 수 있다.

만약 단일한 예술적 표현으로 제한이 된다면 또 다른 많은 부분에서 더 중요하고 더 많은 개인적 잠재력과 창조적 역동을 놓치게 될 수 있다.

통합예술치료의 활동에서 경험의 폭이 증가됨에 따라 더욱 자유로운 표현을 통해, 경험에 대한 개인적 이해와 의미를 확장시킬 수 있으므로 인지행동치료와 통합하여 적용할 때 보다 다양한 관점과 객관적인 사고를 하도록 도움을 줄 수 있다.

이와 같이 통합예술치료와 인지행동치료는 각각의 중요한 치료원리 안에서 동일한 맥락에서 다루고 있는 동일한 핵심요소들을 가진다는 것을 알 수 있다. 그렇다면 통합예술치료와 인지행동치료의 통합적 접근은 동일한 핵심요소들과 관련되어 치료적 효과를 확대시킬 수 있다는 가능성을 유추할 수 있다.

chapter

05

애벌레의 불안 이야기 I

그녀는 불안장애의 하위유형으로서 범불안장애와 사회불안장애, 그리고 권위불안의 세 가지 불안유형의 특성을 보이고 있는 것으로 진단되었다. 그녀의 주치의는 긴 시간 동안의 약물치료와 상담을 벗어나 새로운 치료방법으로서 예술치료를 제안하였고, 그 과정에서 치료자와의 만남이 이루어졌다.

불안에 관한, 그리고 만성불안장애에 대한 인문학적, 전문적 고찰에 관한 내용을 앞에서 접하며 독자들은 마치 자신의 이야기를 하는 듯 많은 부분에서 공감할 수 있었으리라 예상된다. 우리들의 행동과 수시로 변화되는 감정은 우리의 처한 '환경'이 어떤 '시간' 위에서 존재하느냐의 기준으로서 개인적, 문화적 맥락에 의한 것이라고 볼 수 있다. 마찬가지로 불안은 강렬한 인간의 감정으로서 맥락이 바뀌면 불안의 수준도 달라질 수 있다. 그렇다면 그 맥락은 누가 바꾸는 것인가? 누군가 내 삶의 맥락을 바꾸어 주길 바라고 시간이 지나가기를 기다린다면, 시간이 모든 것을 해결해 준다는 이치의 본질은 자기기만이며, 무기력한 합리화일 뿐이다.

삶의 맥락은 내가 직접 바꾸는 것이다. 나를 힘들게 하고 곤경에 빠지게 하는 맥락에서 탈피해서 새로운 맥락을 설정하면 되는 것이다. 즉, 다양한 인문학적 통찰을 통해 우리들 스스로 불안을 다루는 방법을 새롭게 깨달아야 한다. 이 장에서는 나의 내담자, 그녀가 강렬하게 느껴온 불안이라는 감정을 직면하고 객관적으로 바라보기 위해, 불안과 마주하는 시간과 공간을 향해 함께 떠나는 여정을 담아보고자 한다.

1. 그녀가 경험한 불안의 본질적 요인

치료자는 불안장애를 가진 만 47세 여성을 대상으로 20회기의 인지행동 통합예술치료 프로그램을 실시하였다. '애벌레'라는 비유는 그녀 스스로 자신에게 부여한 의미인 것을 앞에서 설명하였다. 그녀는 치료자를 만나기 4년 전부터 정신건강의학 전문의에게 약물치료와 상담을 통해 치료를 받아왔었다. 그러나 그녀는 그렇게 4년 동안 치료를 받았던 주치의를 떠나 새로운 정신건강의학 전문의를 만나게 되었으며, DSM-5②의 '상세불명의 불안장애'(Unspecified Anxiety Disorder)③로 진단을 받았다.

그녀는 불안장애의 하위유형으로서 범불안장애와 사회불안장애, 그리고 권위불안의 세 가지 불안유형의 특성을 보이고 있는 것으로 진단

② 정신질환의 진단 및 통계 편람 제5판(Diagnostic and Statistical Manual of Medical Disorders Fifth Edition).
③ 상세불명의 불안장애란 사회적, 직업적, 또는 다른 중요한 기능 영역에서 임상적으로 현저한 고통이나 손상을 일으키는 불안장애의 특징적인 증상들이 두드러지지만, 불안장애의 진단 부류에 속한 장애 중 어느 것에도 완전한 기준을 만족하지 않는 발현 징후들에 적용된다. 명시되지 않는 불안장애 범주는 기준이 특정 불안장애의 기준에 맞지 않은 이유를 명시할 수 없다고 임상의가 선택한 상황들에서 사용되며, 좀 더 특정한 진단을 내리기에는 정보가 불충분한(예. 응급실 상황) 발현 징후들을 포함한다(APA, 2013).

되었다. 그녀의 주치의는 긴 시간 동안의 약물치료와 상담을 벗어나 새로운 치료방법으로서 예술치료를 제안하였고, 그 과정에서 치료자와의 만남이 이루어졌다. 치료자는 그녀와의 첫 만남을 가지기 전에 담당 주치의를 만나 불안장애의 진단내용과 그 특성들의 구체적 증상에 관하여 정보를 듣고 인지하였다.

이에 치료자는 불안장애를 가진 그녀가 인지행동 통합예술치료 프로그램을 통해, '불안'이라는 의미와 주제를 가지고 어떠한 체험을 하게 되는지 민감하게 관찰하고 심층적으로 분석하여 불안과 관련된 그녀가 살아온 이야기, 즉 개인 삶의 내러티브에 초점을 두고자 하였다.

이에 분석 결과에 따른 그녀가 경험한 불안의 본질적 요인은 어린 시절 부모님으로부터 받은 자신의 외모에 대한 부정적 평가와 인정받지 못하고 칭찬받지 못했던 자신의 인간적 가치에 관련한 '수치심'이라고 할 수 있다. 또한 아버지를 대상으로 이후 남편과 남성에 관련하여 느껴온 '죄책감', 그리고 그것의 매개로 볼 수 있는 '권위'가 그녀가 가진 불안의 요인으로 도출되었다.

1) 수치심

그녀는 어린 시절에 대한 이야기를 시작하면 좋은 기억은 거의 떠오르지 않는다고 말하고 치료를 통해 자신감이 생겼으면 좋겠다고 하며 눈물을 글썽거렸다. 치료자와 그녀의 첫 만남의 날에 아버지와 어머니로부터 받은 자신의 외모에 대한 부정적 평가에 대해 토로하였으며, 그 부분이 항상 자신감이 낮은 이유라고 생각하고 있었고 자신은 실제로도 좋은 평가를 받을 수 없는 외모를 가졌다고 생각하고 있었다. 그녀는 마치 어린아이가 자신에게 행한 부모님의 잘못된 행동을 누군가 자기편을 들어줄 사람에게 어리광을 부리며 말하듯 어린아이 같은 억양과 표정으로 치료자에게 이야기하였다.

이런 모습을 보며 치료자는 그녀와 함께 하는 시간 동안 그녀가 어린아이의 마음으로 돌아가 어린 시절에 실제로 표현하지 못했던 억압된 감정들을 쏟아낼 수 있을 것이라고 생각했다. 치료자가 보기에 그녀의 외모는 웃는 얼굴이 무척 해맑고 예쁜 사람이고 전체적으로 귀엽고 호감이 가는 인상이었으며, 옷차림은 세련된 모습이었다. 그러나 그녀는 자신의 외모에 대한 부정적 신념이 현재 타인과의 관계에서도 자신에게 오는 긍정적 평가를 신뢰하지 않고 자신의 외모에 대한 부정적인 스키마가 자리하고 있었다.

"엄마는 저랑 동생한테 살찌면 안 된다고 마음껏 음식을 먹지 못하게 하셨어요. 특히 저녁에는 절대 안 된다고 하시고 먹을 것들을 숨겨 놓으셨는데 저는 혼날까봐 무서워서 아무리 배가 고파도 참고 그랬어요. 엄마는 그래서 도시락도 거의 안 싸주셨어요. 살 빼라고! 그러면 저는 학교에서 점심시간에 다른 애들은 다 도시락 먹는데 나도 배가 고프잖아요. 그러면 매점에 빨리 뛰어가서 간식을 사먹고 오고 그랬어요"
(session 1 - 심층면담 1).

"아빠는 제가 몸무게를 1키로 빼면 돈 만원을 주겠다고 말씀하셨고, 진짜로 1kg을 빼면 잘했다고 칭찬하시며 돈을 주셨어요. 그리고 '너는 못생겼다. 뚱뚱하다'라는 말을 엄청 자주하시고 살찌면 혼내시고 살

빼면 칭찬하시고 그래서 저는 혼나기 싫으니 배고파도 참고 먹고 싶은 만큼 먹지를 못하곤 했어요"*(session 1 - 심층면담 1).*

"대학에 들어간 후에는 남자를 소개받거나 만나러 갈 때 아버지가 옷차림에 꼭 주의를 주셨는데 특히 구두요. 낮은 신발 신고 나갈까봐 반드시 굽이 높은 힐을 신어야 한다고 몇 번을 이야기 하시고... 만나서 남자가 키가 몇이냐고 물어보면 절대 대답하지 말라고 하시고 구두를 벗어야 하는 식당에는 절대로 가면 안 된다고 하셨어요. 어느 날에 제가 깜박하고 낮은 신발을 신고 나갔는데 아버지가 집으로 빨리 다시 가서 힐로 갈아 신고 나가라고 막 화내고 난리가 나셨던 일도 있었어요"*(session 2 - 회기면담).*

"아빠는 나한테 항상 이야기 하셨어요.'너는 못생기고 뚱뚱하고 키도 작아서 몸에 걸치는 건 좋은걸 해야 한다'라고요"

(session 2 - 회기면담).

그녀는 부모님으로부터 외모에 대한 지속적인 부정적 평가와 그에 대한 각별한 주의와 긴장감의 필요성에 관하여 학습되어 왔다. 그녀의 성장과정에서의 이러한 반복적인 학습은 자신의 외모에 대한 부정적 신념은 가지게 하였고, 다른 사람들은 자신의 외모를 싫어할 것이라는 왜곡된 사고를 하게 되었다. 이러한 자신의 외모에 대한 부정적 신념은 내담자의 마음 깊은 곳에 수치심이 자리하게 하였고, 수치심은 타인의 평가에 대한 두려움을 갖게 하여 사회불안장애의 특성이 나타나게 되었다.

수치심은 부정적 자기평가를 동반하는 대표적인 정서개념 중 하나로서, 초기 양육자와의 관계에서 반복 경험으로 발달되어 정체성으로 자리 잡게 된다. 수치심은 여러 심리적 장애를 설명하는 핵심 요인으로 부각되고 있으며, 특히 불안장애나 우울장애, 자기애성 성격장애 등과 관련하여 많은 경험적 연구들이 이루어지고 있다. 또한 수치심은 자기 자신을 억제하고 자신을 숨기게 만들고 이는 사회불안장애의 특성으로서 회피행동과도 관련이 있으며, 실수나 부적절한 행동이 노출되었을 때 발생하는 감정이다. 이는 자신과 타인으로부터 자신의 약점을 감추거나 회피하게 되는데 이러한 행동은 사회불안장애의 주된 행동반응이다. 따라서 그녀가 가져온 수치심은 사회불안장애의 특성에 기인한 것으로 볼 수 있다.

Marks와 Gelder는 '부정적 평가에 대한 두려움'에 대하여 다른 사람에 의해 자신이 관찰되거나 평가 받는 것에 대한 두려움이며, 자신이 다른 사람에게 우습게 보이거나 안 좋은 인상을 줄 것에 대한 두려움이라고 정의했다. 즉, 부정적 평가에 대한 두려움의 본질은 다른 사람에게 좋은 인상을 주고 싶고 인정받고 싶은 생각을 가졌으나, 자신을 축소시키고 자신이 부족하게 보일 것이라고 생각하고 불안을 느끼는 것이다. 이러한 양상은 그녀로 하여금 자신의 외모에 대한 부정적 신념이 수치심을 갖게 하고, 수치심은 타인의 시선에 대한 두려움을 만들어 불안의 정서를 야기하는 순환적인 과정을 경험하게 되었다.

2) 죄책감

그녀는 어린 시절부터 무서운 아버지로부터 칭찬을 받은 적이 없고 자신의 능력이나 가치에 있어 인정을 받은 적이 없다고 하였다. 성인이 된 지금까지도 아버지는 자신에게 늘 자신의 외모와 업무적 능력에 대해 부정적인 평가만 하셨다고 생각했다. 이러한 아버지의 지속적인 행동은 그녀에게 수치심과 더불어 죄책감을 갖도록 하였다. 이는 그녀에게 모든 상황에 대해서는 과대평가하고 자신의 능력에 대해서는 과소평가를 하는 인지왜곡을 갖게 하였으며, 남편과 회사의 다른 남성과의 관계에서도 어떤 문제에 접했을 때 무조건 자신의 실수와 잘못으로 판단해 버리는 '내 잘못이야. 내가 또 실수 했구나' 등의 부정적 자동적 사고가 반복적으로 나타나게 되었다.

"아버지에게 느꼈던 그 공포를 남편에게 다시 그대로 느꼈어요. 남편이 밖에서 기분이 안 좋아서 들어오면 내가 뭘 잘못했냐고 계속 남편에게 묻고 그래도 대답을 안 해주면 결국 무릎을 꿇고 잘못했다고 빌고 막 그랬어요. 그때 느꼈던 감정은 공포만 있는 것은 아니고 불안만 있는 것도 아니고 공포와 불안이 섞여 있는 것 같았어요"
(session 9 - 심층 면담 2).

"'내가 뭘 잘못했지? 내가 무슨 실수를 했지? 내가 문제가 뭐 길래 저 사람이 나에게 저러지?'라는 생각만 했어요. 그리고는 회의를 마치고 나서 내 사무실에 오자마자 참았던 눈물이 막 흐르는 거예요. 그때도 공포와 불안이 함께 왔던 것 같아요. 그리고는 신경 안정제를 꺼내 먹고 시간이 지나서 좀 나아졌어요" *(session 6 - 회기면담).*

죄책감은 부정적 자기평가를 동반하는 정서로서 수치심과 자주 혼용되어 왔으며, 죄책감과 수치심은 심리적 부적응이나 정신병리 형성에 모두 기여하는 것으로 볼 수 있다. 수치심은 자신의 존재에 대해 전반적으로 낮은 가치를 부여하고 부정적인 신념을 가진 것에 비해, 죄책감은 특정하고 구체적인 어떤 행동에 대해 가지는 정서이다. 따라서 그녀가 가진 죄책감은 특히 남성과의 관계에서 이루어지는 상호작용을 통해 드러나고 있음을 알 수 있다. 남성과의 관계에서 불안을 느끼는 상황에서 내담자는 모든 상황의 원인이 자신의 잘못이라고 여기는 인지적 오류의 문제가 자신과 관련지을 근거가 없을 때에도 자신을 관련짓는 개인화의 특성이 지속되어 죄책감으로 나타나게 되었다.

3) 권위

그녀가 경험한 불안의 본질적 요인인 '수치심'과 '죄책감'의 매개로서 '권위'가 자리하고 있음을 알 수 있었다. 그녀는 아버지에게서 느꼈던 공포와 불안을 남편과 다른 남성들로부터 근거가 없는 상황에서도 비슷한 패턴에 의해 느껴왔다. 그녀가 권위적이라고 느끼는 대상으로서 남성에 대한 공포와 불안이 발현되는 과정에서 무의식 속에 죄책감이 자리하게 되어 자기비난의 악순환을 반복하도록 하였다. 이처럼 그녀가 느끼는 남성의 존재는 무척 권위적인 존재였으며, 이 권위 앞에서 불안을 강하게 느끼는 권위불안의 증상이 그녀에게 크게 자리하고 있었다.

이는 아버지와의 경험에 기초하여 그것으로부터 극단적 신념을 형성하여 다른 대상과 다른 상황에서도 그 신념을 부적절하게 적용한 과잉일반화의 현상으로 볼 수 있다. Heimberg는 사회불안의 유발상황에 대하여 사회불안장애를 가진 사람들이 고통스러워하는 상황 중에 이성 또는 권위자와 대화하는 것에 대한 두려움과 자신의 주장에 대한 두려움을 들고 있다. 아버지에게서 느껴온 공포와 불안은 '아버지'라는 큰 존재가 가진 권위를 대상으로 하였으며, 이는 어린 시절 아버지의 양육방식으로부터 기인된 것을 알 수 있었다.

"회사의 남자 임원들하고 이야기를 하다가 그 주제에 약간 서로 의견이 안 맞아서 한번은 영업이사가 나에게 화를 낸 적이 있었어요. 저는 그 순간 몸이 굳어버리고 심장도 벌렁거리고 고개를 숙이고 가만히 있었어요"*(session 6 - 회기면담).*

"결혼 후에 십수 년간 느꼈던 불안을 상징하는 건 남편이 소파에 앉아 턱을 괴고 TV를 보는 모습인데 굉장히 그런 큰 바윗돌처럼 정자세로 앉아 있는 남편의 모습이에요. 이 모습이 항상 날 답답하게 하고 불안하게 했어요"*(session 9 - 회기면담).*

"아빠는 저에게도 자꾸 이런 말을 하셨어요. 너는 이렇게 해야 한다. 저렇게 해야 한다. 너는 왜 이러냐. 너는 왜 저러냐. 그런 이야기를 할 때 막 무서운 거예요. 그 말을 안 들으면 때릴 것 같고 죽일 것 같고... '아빠 말을 거스르면 맞아 죽겠구나'라는 생각이 들었어요"
(session 10 - 회기면담).

"이제 찾은 이 마음의 여유가 좋은 의미로 고착화가 되겠죠. 점점 더 여유로워질 테고 좀 더 권위적인 그런 부분이 생길 것 같아요"

(session 16 - 녹취록).

그녀의 이야기에는 자신의 권위에 대한 내용들도 자주 표현되었다. "나는 갑의 위치다"라는 표현을 여러 번 사용하여 갑과 을의 관계를 강조하였으며, '나의 권위' 또는 '나의 권력'이라는 표현도 사용하였다. 이러한 표현은 권위 불안을 가진 그녀가 자신도 모르게 권위에 대한 욕망과 권위적인 태도를 지니고 있어, 자신이 두려워하는 권위와 연결이 되어 그녀는 스스로 느끼지 못했던 범주 간의 연결성을 나타내고 있다.

권위불안의 이면에 자리한 권위에 대한 그녀의 욕망

남자는 무서운 존재: 권위	
남자의 권위(권위불안)	나의 권위
남자의 무표정과 저음의 목소리	나의 권위와 권력을 빼앗길 수 없어
남자는 무서워	나는 갑이고 그들은 을이야
남자는 권위를 가진 존재	많은 사람들이 날 우러러 보길 원해

이는 아버지의 권위에 자신의 목소리를 내길 두려워했던 어린 시절의 경험과 연결되어 그녀에게도 권위의 목소리, 또는 억압되었던 자신의 목소리를 내고 싶어 하는 욕망의 대처로서 나타나는 증상이라고 할 수 있다.

2. 그녀가 경험한 공포의 요인

그녀의 불안의 요인을 만들어 낸 공포의 본질은 '남성의 무표정과 저음의 목소리'로 도출되었다. 그녀가 말하는 공포의 첫 기억은 자신이 초등학교 때 학교에서 돌아왔을 때 부모님이 크게 싸우시던 그 날부터 시작된다고 하였다. 그 날 이전의 아버지는 그냥 이름 그대로 보통의 '아버지'라고 생각했지만 그 날의 사건은 아버지가 무서운 사람이라는 걸 알게 해 주었다고 하였다. 그녀는 어느 날 학교에서 집으로 돌아왔을 때 엄마는 소리를 지르며 뛰어 다니고, 아버지는 집의 물건들과 가구들을 부수고 유리를 깨고 있었다. 그날의 아버지의 모습은 어머니가 자주 이야기하셨던 무섭고 폭력적인 사람이었고, 아버지에 대한 선명한 첫 기억은 그날부터 시작된다고 하였다.

그녀의 불안은 대부분 공포와 함께 표현되었다. 어린 시절 부모님의 잦은 싸움에서 아버지의 폭력과 어머니의 비명소리는 공포의 대상이었으며, 그 공포는 불안의 감정으로 연결되었다. 공포는 공포를 야기하는 특정한 대상이 있기 마련이지만 불안은 특정한 대상이 없는 막연한 감정으로서, 공포에 수반되는 불안은 반복적인 패턴적 방식으로 고정되기 마련이다.

"아빠는 공포였지요. 처음으로 아빠가 공포의 대상이라고 인식한 건 초등학교 6학년 때인데 앞에 사정은 모르겠지만 어느 날 학교 마치고 집에 갔더니 집이 난리가 난거에요. 엄마가 막 소리 지르고 뛰어 다니고 있고..."*(session 8 - 회기면담).*

"아버지는 목소리가 딱 잠겨있고 착 내려가요. 그 목소리가 딱 나오면 나는 그냥 불안하고, 남편 같은 경우도 사무적인 말투라고 해야 하나, 예의바른 말투라고 해야 하나, 그런 말투가 나오면 '저 사람이 나에게 왜 저러지?' 그런 불안함이 몰려와요"*(session 9 - 심층 면담 2).*

"일단 남편의 표정이 미간이 찌푸려지고 입을 닫고 그러면 그때부터 나는 육체적인 반사가 와요. 막 심장이 벌렁거리고 손발이 떨리죠. 그 굳은 표정이 싫고 가라앉은 목소리로 말하는 게 너무 싫어요"
(session 9 - 심층 면담 2).

공포란 특정한 대상이나 상황에 대해 극렬하면서 반복적으로 나타나는 비이성적인 두려움을 말하며 공포는 불안과 관련이 깊다. 그녀는 아버지에게서 공포를 느끼는 순간에는 거의 반복적으로 인지되어 온 아버지의 모습이 있었다. 아버지의 무표정한 근엄한 표정과 저음의 낮은 목소리의 톤은 내담자에게 자동적으로 공포를 느끼게 했으며, 그런 순간마다 아버지가 자신을 싫어하고 자신이 무언가를 실수했거나 잘못을 저질렀다고 느껴왔다. 이는 그녀가 아버지는 자신에게 어린 시절부터 항상 자신에게 칭찬하거나 인정하는 부분이 없이 대부분 부정적인 평가를 하셨으며, 아버지는 공포의 대상이었기에 이러한 아버지의 모습은 높은 불안을 발현하도록 한 본질적 의미를 가진다고 할 수 있다.

그녀에게 이러한 불안의 의미는 결혼 후 남편에게서도 비슷한 상황일 때 아버지에게서 느꼈던 공포와 불안을 느껴왔으며, 남편으로부터 느끼는 불안의 본질적 의미도 동일한 것으로 반복적으로 표현하였다. 특히 남편에 대한 이야기를 할 때 남편이 꼿꼿한 정자세로 앉아 무표정하고 사무적인 듯한 말투와 낮은 목소리를 낼 때 무서웠고 무척 불안했다고 여러 번 반복해서 이야기하였다. 이러한 공포의 요인은 회사에서 마주하는 남성 직원들과의 관계에서도 나타났으며, 적절한 근거가 없이도 남자 직원이 표정이 굳어버리거나 낮은 저음으로 말하면 공포를 느끼고 불안을 강하게 느껴왔다. 따라서 그녀가 경험한 불안의 본질적 요인과 불안의 매개인 공포의 요인은 아래의 표와 같다.

그녀가 가진 불안의 요인과 불안의 본질

공포로부터 발현되는 불안	
불안의 본질적 요인	공포의 요인
수치심	남성의 무표정과 저음의 목소리
죄책감	
권위	

3. 불안에 관한 자료의 질적 분석

통합예술치료를 통해 수집된 그녀의 자료들을 질적으로 분석하는 과정은 규정된 어떤 지침을 따라야 하는 것은 아니며 공통적으로 사용될 수 있는 절대적인 기준도 없으나, 어느 정도 구조화된 틀은 질적 연구에서 통상적으로 존재하고 있다. 그러나 그 틀은 치료자와 치료과정의 특성에 따라 적용방법이 단일적으로든 통합적으로든 융통성 있게 적용될 수 있다. 자료를 질적으로 분석하는 것은 방대한 자료에서 발췌한 내용들을 범주화하고, 그 범주들의 내용 안에서 내용들 간의 연결고리를 찾고 반복적인 패턴을 찾아 주제가 될 수 있는 여러 범주들 간의 관련성을 찾아가는 과정이다.

이 과정에서 치료자는 계속해서 스스로에게 질문을 던지며 자신이 지나치게 주관적인 관점으로 판단하고 있는 것은 아닐까 의심하게 되고, 자신의 능력과 판단으로 분석해야 하는 과정이 걱정을 일으키기도 하여 질적 분석을 실행하는 치료자는 어느 정도의 불안한 정서를 가질 수밖에 없다. 따라서 치료자가 중요하다고 생각한 내용이 내담자도 그렇게 생각하는지에 대한 확인을 요하고 있으므로, 치료자는 치료의 전 과정에서 내담자에게 지속적으로 확인을 받고 함께 검토하는 것이 중요하다. 본 치료의 과정에서는 자료를 분석하는 기초적 틀이 될 수 있도록 코딩작업을 실시하였다. 코딩의 과정을 통해 그녀의 불안경험에 관한 내러티브에서 유의미한 내용을 범주화할 수 있으며, 가장 중요하고 핵심적인 이야기를 중심으로 분석이 가능해지므로 본 치료의 분석문제에 기인하여 그 결론을 도출해 낼 수 있었다.

코딩의 과정을 통해 얻은 개념을 범주화한 결과를 다음 지면에서 요약 및 정리하였다.

코딩과정에 따른 그녀의 불안경험 개념의 범주화

패러다임	범주	하위범주
조건 (자극적 경험)	나의 외모에 대한 부정적 신념	부모님은 나의 외모를 싫어하심
		나의 외모가 마음에 들지 않음
		사람들이 나의 외모를 보고 무시할까봐 두려움
	타인의 외모에 대한 평가 기준	나는 못생기고 뚱뚱한 사람이 싫음
		남편의 외모가 싫음
	나의 능력에 대한 축소된 신념	나의 장점은 공부를 잘하는 것뿐임
		부모님은 내가 1등을 할 때만 나를 칭찬하심
	인정에 관련된 임의적 추론	부모님이 싸우지 않는 유일한 때는 내가 시험공부를 할 때였음
		시험기간에만 가졌던 자유
		사람들은 내가 1등을 할 때만 나를 인정함
	나를 싫어하는 아빠	아빠는 내가 원하는 것을 들어주지 않음
		아빠는 나를 사랑하지 않음
		아빠는 내가 옷 입는 스타일을 항상 싫어하심
	아빠는 공포의 대상	엄마가 아빠는 무서운 사람이라고 자주 말하심
		아빠는 나를 죽일 수도 있는 사람
		아빠를 보면 불안해짐
		아빠는 폭력적인 사람
		아빠가 부르시면 겁나고 두려움
	아빠를 무서워하는 엄마	엄마는 아빠가 무서운 사람이라고 말하며 자주 집을 나가 도망 다니심
		엄마는 아빠를 무서워함
	가족은 공포와 불안의 대상	우리 집은 싸움과 공포로 가득했음
현상 (인지 왜곡)	엄마의 잘못	엄마는 자신의 스트레스를 자식들에게 해소하심
		나도 모르게 엄마를 닮아있는 모습이 싫음 .
	부모님에 대한 원망	부모님이 원망스러움
	남편의 무표정에 대한 두려움	남편의 기분이 나빠 보이면 불안하고 무서움
		남편이 화나면 무조건 내 잘못임
		남자의 무표정과 딱딱한 말투는 화가 났음을 의미함
		남편이 화나면 무서워 내가 아이들에게 무서운 행동을 했음
	남자는 무서운 존재	남자직원이 기분이 나쁘면 내 실수이고 무서워짐
	불안으로 인한 신체적 변화	너무 불안해지면 신체적 증상이 나타남
	타인의 평가에 대한 두려움	나에게 농담을 하면 나를 무시하는 것 같아 불쾌함
		나를 나쁘게 판단할까봐 두렵고 불안함
	불안은 검정색	불안이 싫음
		아빠를 대할 땐 항상 불안해서 검정색이 떠오름
	돌은 불안의 상징	무겁고 딱딱한 돌은 불안의 상징
	과장된 권위	나는 권력과 권위를 가지고 있음
		나는 부모님에게 대우받지 못함
		많은 사람들에게 대우 받고 싶음

패러다임	범주	하위범주
작용/ 상호작용 (인지 왜곡 확인)	잃어버렸던 아빠에 대한 긍정적 기억	아빠가 가끔은 잘해주신 것 같음
		아빠가 크게 칭찬해 주셨던 일이 생각남
	나의 문제에 대한 깨달음	솔직하게 감정표현을 했을 때 아빠와 남편이 나를 이해해 주었던 기억이 남
		나의 문제를 깨달음
		공포의 전이를 이해함
		남편에 대한 나의 시선이 달라짐
		나는 아빠의 말씀을 부정적으로 해석했음
	나는 존귀한 존재	나는 불행한 사람이 아님
		사람들에게 인정받고 존경받고 싶음
	몸과 마음은 하나	내 정서가 불안할 때 몸에서 반응함
	나의 능력과 잠재력에 대한 확인	내가 공부를 잘한 건 참 다행스러움
		내가 가진 잠재력을 발견함
결과 (인지 교정)	아빠에 대한 이해와 연민	아빠에게 연민을 느낌
		아빠의 성격을 이해함
		엄마가 잘못한 점이 많았음
		아빠의 삶을 이해할 수 있음
	나를 사랑하는 아빠	아빠가 나의 능력을 인정해 주심
		이제는 아빠가 무섭지 않음
		아빠의 마음을 이해하고 아빠를 사랑함
		아빠는 사랑의 방법을 모르실 뿐 나를 사랑하심
	아빠의 변화	아빠를 대하는 나의 태도가 달라지니 아빠가 변하심
	엄마에 대한 이해	엄마가 나에게 하신 행동을 이해함
	남편에 대한 이해	남편의 고충을 이해하게 되니 남편의 이미지가 다르게 보임
	행복은 내가 원하는 삶을 사는 것	내가 원하는 옷을 입었을 때 오히려 칭찬받음
		내가 솔직하게 표현하고 행동했을 때 인정받음
		내가 행복해지는 방법은 나답게 살아가는 것
		대처반응이 달라짐
	부정적 신념은 불안의 요인	타인의 판단을 미리 예측하지 않고 내 의견을 말할 수 있음
		왜곡된 사고가 나의 불안을 야기함
	불안의 수용	관계의 갈등과 자연스러운 이치를 수용함
		삶은 어차피 힘든 것이며, 시련을 잘 넘기며 살기 위해서는 내 몸과 마음이 건강해야 함
	불안에 대한 긍정적 관점	불안은 나를 더욱 정확하게 만들어 주는 도구
		나는 불안을 다룰 수 있음

chapter

05

불안에 대한 치료모델

인지행동 통합예술치료

불안장애를 가진 사람들의 보편적인 특성은 특정한 상황과 사건을
바라보는 관점이 지극히 주관적이며 고정적이다.
이에 통합예술치료의 다양한 매체와 통합적 활동은 사고의 유연성과
인간의 복합성에 대한 가능성을 발견하도록 도울 수 있다.

치료자와 그녀가 함께 작업했던 프로그램은 인지행동치료의 모델을 중심으로 하여 다양한 예술영역의 매체들을 통합적으로 사용한 치료의 도구로 사용한 것이다. 20회기의 모든 인지행동 통합예술치료 프로그램은 인지행동치료의 모델을 중심으로 그 연결점을 찾도록 노력하였다. 1회기와 9회기, 그리고 마지막 회기인 20회기를 제외하고는 두 가지 이상의 예술영역을 통합하여 한 가지 활동 또는 두 가지의 연결된 활동으로 진행되었으며, 19회기에서는 여섯 가지 예술영역을 벗어난 '명상'의 영역이 새롭게 추가되었다.

1. 프로그램 개발 방향 및 구성 원리

그녀를 위해 개발된 프로그램에서는 불안장애에 대한 대부분의 인지행동치료에서 치료적 관점에서 중요한 정서적 측면이 소홀히 다루어지고 있다는 점에 착안하여, 인지행동치료의 원리를 바탕으로 프로그램을 구상하고, 정서적 표출의 치료적 접근으로서 다양한 사고의 기반이 될 수 있는 여러 감각을 활용하는 통합예술치료의 원리를 통합하고자 하였다. 앞의 이론적 설명에서 인지행동치료와 통합예술치료의 공통 핵심요소들을 살펴보았듯이, 본 치료에서는 인지행동치료와 통합예술치료의 공통적 요소들과 상호보완적인 요소들을 도출한 근거를 바탕으로 프로그램이 개발되었다. 따라서 본 치료의 불안장애에 대한 프로그램 개발의 구체적인 구성 원리를 정리해보면 다음과 같다.

첫째, 경험에 대한 탐색이다. 인지행동치료에서는 과거 경험으로부터 고정된 신념과 스키마를 발견하고 그로부터 발현되는 왜곡된 사고를 바로잡도록 노력한다. 이에 예술 활동은 경험을 탐색하는 과정이 보다 수월하게 이루어지고, 그 경험에 대한 특별한 감정을 다시 느껴보도록 도와 주관적 해석의 오류를 그 감정을 통해 보다 빠른 시간에 발견할 수 있도록 해주어 인지행동치료와 예술치료의 통합적 치료방법은 더욱 효과적일 수 있다.

둘째, 반복되는 생각이다. 인지행동치료에서는 고정된 신념과 스스로 생각의 틀로 자리한 스키마를 바탕으로 특정한 상황에서 발현되는 생각이 습관적으로 반복되는 것을 치료적 문제로 여긴다. 통합예술치료에서는 예술을 매체로 감각을 활용하는 활동의 반복이 특징 중 하나로 볼 수 있다. 이때 반복되는 부정적 생각이 불안을 일으키는 중요한 요소로서 내담자 스스로 습관적으로 반복되는 생각의 오류를 인식하도록 하기 위해 그 생각과 느껴지는 감정에 집중적이고 반복적으로 노출되어 볼 필요가 있다. 이에 본 치료에서는 내담자의 불안에 집중하여 여러 번 불안 감정에 대한 활동을 반복했으며, 그 과정에서 내담자가 회기가 거듭될수록 변화를 나타내는 현상을 감지할 수 있었다.

셋째, 생각과 마음의 상호작용이다. 불안장애에 대한 인지치료는 잘못된 신념과 왜곡된 사고가 불안을 일으키는 요인이라고 보고 있다. 이는 생각과 마음 즉, 사고와 감정은 서로 지속적으로 상호작용하고 있는 요소로서, 인간의 감정은 생각에 따라 변화될 수 있다는 인지행동치료의 원리에 기반을 둔다. 이는 감정 표출에 중요한 도구가 되는 다양한 예술 매체의 상호 작용과 더불어 내담자가 스스로 자신의 생각과 마음의 관계를 인식할 수 있는 실제적 체험을 제공하도록 하였다.

넷째, 관점의 확대와 사고의 전환이다. 불안장애를 가진 사람들의 보편적인 특성은 특정한 상황과 사건을 바라보는 관점이 지극히 주관적이며 고정적이다. 이에 통합예술치료의 다양한 매체와 통합적 활동은 사고의 유연성과 인간의 복합성에 대한 가능성을 발견하도록 도울 수 있다. 따라서 본 치료에서는 내담자가 가진 고정된 신념과 해석적 관점의 영역을 확대하고자, 기존의 관점에 대한 통찰이 일어날 수 있도록 프로그램을 구성하였다.

다섯째, 경험의 재구성이다. 불안을 일으키는 특정한 상황에 대한 특정한 사고는 내담자의 불안경험에 대한 해석적 접근의 문제에 있다. 따라서 본 치료의 프로그램은 연구 참여자가 과거에 경험한 특정한 상황을 객관적으로 바라보고 확대된 관점에 의해 올바로 해석하는 과정을 통해 내담자의 불안경험에 대한 인지적 재구성을 목표로 구성하였다.

2. 프로그램의 목표

본 프로그램 개발의 목표는 개인의 불안경험에서 비롯된, 불안을 유발하는 특정한 상황에 대한 고정된 사고와 왜곡된 인지의 현실적이고 합리적인 방향으로의 변화를 위해 인지적 접근과 정서적 접근의 통합적인 치료의 필요성을 논의하기 위한 것이다. 그리고 그녀가 가진 불안장애를 위한 인지행동 통합예술치료 프로그램의 목표는 인지행동치료의 원리에 바탕을 두고, 그녀의 주 호소 문제를 중심으로 치료자와 그녀가 함께 상의하여 설정하였다. 그녀가 프로그램의 시작에 앞서 호소했던 자신에 대한 주 호소 문제의 내용은 다음과 같다.

첫째, 자신의 외모를 비하하는 언어습관을 가지고 있다. 둘째, 외모에 대한 열등감을 자신의 다른 강점으로 방어하고 숨기려고 하는 과잉된 언어와 행동을 자주 한다. 셋째, 아버지와 남편, 그리고 다른 이성의 사람들을 대할 때 자신의 생각을 솔직하게 말하지 못하며 자신이 느끼는 감정을 편안하게 표현하기가 어렵다. 넷째, 아버지를 대할 때 두려움과 공포, 그리고 불안을 반복적으로 느낀다. 다섯째, 계획했던 상황이 나의 의도와 기대에 맞게 이루어지지 않을 때 당황하게 되어 차분하게 대처하기가 어렵다. 여섯째, 어렵고 힘든 상황에서는 신경 안정제를 복용하게 되고 스스로의 의지만으로는 극복하기가 힘들다.

이와 같은 그녀의 주 호소 문제를 중심으로 하여 설정된 인지행동 통합예술치료 프로그램의 치료목표는 다음과 같다.

첫째, 아버지와의 관계에서 발현되는 부정적 자동적 사고와 역기능적 스키마를 교정하여 아버지와의 관계를 회복한다. 둘째, 남편과 남성과의 관계에서 발현되는 부정적 자동적 사고와 역기능적 스키마를 교정하여 남편과 남성과의 관계에서 이루어지는 상호전략들을 스스로 세우고 실제 생활에서 적용할 수 있도록 한다. 셋째, 신경안정제를 복용하지 않고 스스로 보다 긍정적인 인지조절을 가능하게 하여 불안에 대처하는 능력을 강화시킨다.

3. 프로그램의 구성 단계

그녀를 위한 인지행동 통합예술치료 프로그램은 두 가지 이상의 예술영역을 활용하여 두 가지 이상의 활동이 각 회기의 주제와 목표에 적합하고 내용이 자연스럽게 연결되도록 하여, 첫 번째 활동을 더욱 강화시키거나 더욱 명료화시키는 활동으로서 두 번째 활동을 구성하였다. 20

회기의 모든 프로그램은 치료를 시작하기 전에 미리 계획하고 구성하지 않고, 매회기의 진행 상황을 점검해 보며 그녀의 성향과 다양한 매체에 대한 선호도와 집중도를 감안하고 그녀의 인지적, 정서적 맥락에서 부족하거나 보완되어야 할 주제를 중심으로 한 두 회기씩 융통성 있게 구성되었다. 그리고 그녀의 불안을 유발하는 특정한 대상 및 상황에 대한 인지적 변화를 위한 구성요소로서, 그녀가 기존에 가지고 있던 스키마와 그로부터 반복적으로 나타나는 자동적 사고와 행동을 교정해 나가기 위한 체계적인 단계에 따라 프로그램이 구성되었다. 프로그램의 단계는 초기단계, 전개 1단계, 전개 2단계, 종결단계의 4단계로 구성되었으며, 프로그램의 단계별 목표 및 그에 따른 치료적 원리는 아래의 표와 같다.

프로그램의 단계별 목표 및 치료적 원리

단계	단계별 목표	치료적 원리	회기
초기	자기감찰	- 지각, 심상, 기억, 판단에 대한 개인의 해석과 반응하는 방식 - 그 방식이 유발하는 정서적 반응과 행동적 반응을 탐색하여 스키마의 활성화 인식	1 2 3 4
전개 1	역기능적 인지 및 행동 탐색	- 인지적 구조로서 스키마와 핵심신념을 통해 발현되는 구체적 자동적 사고 및 안전행동 확인 - 인지구조를 형성한 특정한 사건들에 대한 회상과 의미 확인 및 경험의 재해석	5 6 7 8 9
전개2	역기능적 인지 및 행동 교정	- 관계유형과 관련된 부정적 자동적 사고 및 역기능적 스키마에 대한 현실적 해석 및 합리적 평가 - 사고의 재구성을 통한 자동적 사고의 조절 및 정서와 행동의 조절 - 사고의 재구성을 통한 긍정적 자기평가	10 11 12 13 14 15 16
종결	교정된 인지 및 행동 유지	- 관계유형에서의 새로운 대처행동 실행 및 유지를 위한 인지조절의 반복적 훈련 - 관계유형에서의 합리적 상호전략 기술의 습득	17 18 19 20

4. 회기별 프로그램의 내용 및 이론적 근거

1)초기단계

프로그램의 초기단계에서는 자신을 탐색하고 이해하여 올바로 인지하도록 하기 위하여 '자기감찰'을 목표로 설정하였다. 자기감찰이란 그녀가 스스로 자신의 생각과 감정, 그리고 행동을 자세히 살피는 것이며, 스스로 관찰되는 의미 있는 것들은 기록하도록 하고 그 내용을 치료자와 함께 검토하도록 하였다. 자기감찰의 단계는 추후 행동을 수정하기 위한 시작단계이자 그녀 스스로 자신을 객관적으로 다시 바라볼 수 있는 자기이해의 과정이다.

초기단계 프로그램에서는 그녀가 치료회기 중에서만 아니라 일상생활에서도 자신이 자주 사용하는 언어표현이나 자신의 생각과 감정, 그리고 자신의 행동을 면밀히 관찰하고 예민하게 인식할 수 있도록 함께 노력하였고 치료자는 그러한 내용을 직접 기록한 그녀의 일기장을 매회기에 검토 및 확인하여 내담자가 주관적인 시선에서 벗어나 객관적인 시선으로 다시 생각해 볼 수 있도록 도움을 주었다.

session 1: 첫 만남

프로그램의 첫 회기인 1회기에서는 치료자와 그녀의 첫 만남으로서 중요한 의미를 가진다. 치료자는 그녀의 주 호소 문제를 듣고 그녀와 함께 상의하여 치료목표를 설정하고 인지행동치료의 원리, 통합예술치료의 방법, 두 가지 치료의 통합된 치료의 구성원리에 관하여 구체적인 설명을 하였다. 또한 치료의 시작부터 마지막, 그리고 사후까지의 치료적 형태와 내용, 개인정보보호 및 데이터에 대한 내용으로 구성된 동의서를 받았다. 또한 불안척도 검사 도구 세 가지- K-FNE(부정적 평가에 대한 두려움 척도), K-SAD(사회불안 척도), BAI(Beck의 불안 척도)와 HTP 그림 검사와 당위적 사고 기록지 작성 및 심층면담 1차를 실시하였다.

session 2: Felt Sense

2회기의 프로그램은 자기표현을 시도해 보는 활동으로서 자신을 생각할 때 가장 핵심적 특성이 무엇인지 생각해 보고 이미지로서 상징적 표현을 시도해 보는 것이다. 이 활동은 나 자신의 특성을 이미지로 나타내기 위해 자신의 마음을 들여다보며 스스로 진심으로 원하는 것에 대한 탐색의 시간이 될 수 있다. 자신을 상징하는 특징적 이미지를 시각적 이미지로 표현해 본 후 그 이미지를 바라보며 느껴지는 'Felt Sense'를 느껴보고, 그에 대한 느낌과 자신의 감각적 반응을 신체를 활용하여 동작이나 어떤 자세를 취해본다. 이러한 활동은 시각적 이미지로서의 자신의 이미지를 확인함과 동시에 신체적 감각을 통해서도 자신의 특징을 표현해 보는 의미 있는 활동이 될 수 있다.

인지행동 미술치료에서는 초기에 자신의 감정 상태를 파악하고 인지양식을 탐색하기 위하여 자기탐색을 위한 활동이 필요하며, 'Felt Sense'의 활동은 치료자가 내담자의 잘못된 인지의 수정을 위해 내담자가 말한 상징의 이유를 긍정적인 것으로 바꿀 수 있도록 시도해 보는 기회가 될 수 있다. 나를 상징하는 이미지를 시각적으로, 신체적으로 표현해 보는 활동은 보다 솔직하고 편안한 분위기에서 온전한 자신을 표현하고 새롭게 인식해 볼 수 있는 활동으로서, 자기 자신에 대한 생각을 살펴보는 기회도 될 수 있으며 미술과 동작으로 통합된 감각의 이미지를 표현함으로써 심리적 이완을 도울 수 있다.

session 2- Felt Sense

session 3: 흑과 백

3회기의 프로그램은 생각과 감정을 관찰하며 자신을 탐색해보는 과정을 통해 '자기인식 및 이해'의 목표를 가진다. 흑백논리로 사고하고 해석하는 극단적 이분법적 사고를 스스로 인식하고 자신의 경험을 한 극단으로 범주화하는 증상에 대하여 스스로 이해하기 위한 활동이다. 그녀에게 평소에 자주 듣는 노래나 최근에 가장 좋아하는 노래를 알려 달라고 하였고, 치료자가 노래 파일과 가사를 준비하여 그 노래를 가사에 집중하며 함께 감상하고 노래를 직접 불러보는 시간을 갖도록 하였다.

노래를 불러본 후에는 그 노래를 좋아하는 이유와 노래를 부를 때의 느낌을 살펴보고, 여러 권의 잡지의 사진을 보며 자신이 원하는 것과 거부하는 것을 구별하여 잡지콜라주 기법으로 표현하는 활동을 연결하여 실시하였다.

자신이 좋아하는 노래를 불러보며 살펴보는 과정을 통해 평소에는 무심히 듣던 노래의 가사에서 자기 자신과 동일시한 점은 무엇인지, 그 노래를 좋아한 요소는 무엇인지를 생각해 보는 활동이다. 또한 자신이 원하는 것과 거부하는 것을 명확히 구별해 봄으로써, 양극의 특징적 요소와 그 요소들의 심리적 근거로서 자신의 어떤 감정과 생각에 바탕을 두고 있는지 탐색해 볼 수 있는 활동이다. 이 활동은 평소에 생각해 보지 못했던 양극 사이에 존재하는 회색 영역을 점검해 볼 수 있으며, 보다 구체적으로 자신의 인지적 오류를 이해할 수 있도록 도울 수 있다. 또한 자신이 좋아하는 노래를 불러보고 감상하며 좋아하는 것들을 보다 쉽게 생각해 내고 찾아볼 수 있도록 음악과 미술의 통합된 활동으로서 더욱 적극적인 활동을 가능하게 한다.

이러한 통합예술치료의 접근은 그녀가 평소에 인식하지 못했던 자신의 잠재력과 흥미를 깨닫도록 하여 자신에 대한 새로운 발견을 통해 인지적, 정서적 측면에서 변화를 촉진시킬 수 있는 계기가 될 수 있다. 특히 콜라주 기법은 그 재료를 확대시켜 화면의 효과와 조형적 가치를 높이는데 사용된 것이며, 특히 심리적 효과를 기대하는 것이 특징이다.

콜라주는 비유적, 상징적, 연상적인 효과를 얻으려 하는 것이며, 하나의 화면 위에 서로 다른 단편들을 붙임으로 해서 콜라주의 대상을 그것이 있던 본래의 일상적인 어떤 장소에서 추방하여 전혀 엉뚱한 환경에다 둠으로써 빚어지는 새로운 심리적 변화를 유도할 수 있다. Golding은 콜라주 기법이 주제와 무관한 질료를 그림 표면에다 혼합하는 것이며, 어떤 실체를 전혀 엉뚱한 것으로 바꿔 버리고 형태들을 새로운 방식으로 결합시킴으로써 그 형태들로부터 예기치 못했던 다른 의미들을 뽑아내는 것이라고 하였다. 또한 잡지를 사용한 콜라주 작업은 사물과 이미지의 자료가 무척 다양하게 들어있어 평소에 의식하지 못했던 잠재된 자신의 소망과 욕망까지도 이해할 수 있도록 한다.

사진을 보며 직감으로 선택하는 과정은 자신이 직접 이미지를 그리는 활동보다 의식의 작용을 줄일 수 있는 방법으로서 더욱 다양한 이야기들을 이끌어 낼 수 있으며, 자신의 직감으로 선택하는 사진들을 이질적인 새로운 공간에 옮겨 새로운 창조물을 제작하는 과정을 통해 내담자의 새로운 내러티브를 기대할 수 있다.

session 3 - 흑과 백

session 4: Move & Draw

4회기 프로그램은 음악, 동작, 미술 세 가지의 예술영역이 통합된 활동으로서 연구자와 내담자가 함께 하는 2인 활동으로 구성하였다. 한 사람이 음악을 들으며 그 리듬과 선율에 몸을 맡기고 그 느낌에 따라 몸을 움직이는 동안, 다른 한 사람은 동작을 하는 사람을 바라보며 상대방의 움직임을 자신이 느끼는 대로 색과 이미지로 표현해 보는 활동이다. 통합예술치료는 한 개인의 표현을 주의 깊게 관찰해줄 또 다른 한 사람이 있다는 맥락에서 정의 내려질 수 있다. 내담자는 자신이 표현도 하면서 관찰자 역할도 하는 두 가지 기회를 모두 가지는 형태로 구성될 수 있으며, 그러한 형태는 창조적인 표현을 증진시키는 가장 효과적인 방법이다. 따라서 다른 사람의 퍼포먼스를 조용히 관찰하는 것이 자신을 표현하는 것만큼이나 중요하고 활동적이 될 수 있으며, '관찰'은 창조적인 에너지와 표현의 교환을 확립하는 과정으로서 반드시 필요하다. 특히 불안의 감정은 다른 사람이나 사물을 감각하거나 감정이입적인 관계가 결핍되는 특징을 가지기 때문에, 상호적인 움직임과 운동 감각을 사용하는 접근법은 당면한 환경으로부터 분리되어 있는 사람들에게 큰 의미가 될 수 있다.

이와 같은 동작치료 프로그램을 통한 근육의 긴장이완은 불안과 스트레스에 대한 신체반응을 조절해 주며, 정서적 안정과 긍정적 자아상, 그리고 긴장감 해소 등 많은 영역에 효과가 있다. 동작치료를 통한 정서와 감정의 순환과정을 살펴보면, 무의식 속에 잠재된 불안한 정서와 감정의 상태가 동작을 통한 감정 이입을 가능하게 하여 해방감을 갖게 되고 감정과 갈등의 표현으로 나타나게 된다. 또한 음악, 동작, 미술의 통합은 다양한 매체를 통해 내담자의 감정표출과 자기이해의 가능성을 보다 확대시킬 수 있으며, 세 가지 영역의 연결은 내담자의 감정의 역동을 더욱 빠른 시간 안에 일으킬 수 있는 활동이라고 할 수 있다.

이 프로그램을 위해 치료자가 선택한 음악은 노래가 없이 악기의 연주로만 이루어진 음악으로서, 곡명은 'Hope for tomorrow'(내일의 희망)이다. 현악기와 피아노로 구성되어 있고 제목의 의미와 같이 밝은 에너지를 느끼게 해 주는 음악이며, 선율이 화려하여 내면의 역동을 일으켜 감정을 표출하기에 적절한 음악이다. 이와 같이 인지행동 통합예술치료에서는 보다 합리적인 사고로 전환시키는 과정이 내담자에게 쉽지 않은 문제를 부여하기도 하기에, 이러한 어려움을 예술매체를 통해 보다 자연스럽게 자신을 표현하고 인지행동에서 중요시 여기는 언어로의 표현방식에 보다 수월하게 접근하여 어려운 과정을 극복하도록 도울 수 있다.

session 4 - Move & Draw (그녀의 작품)

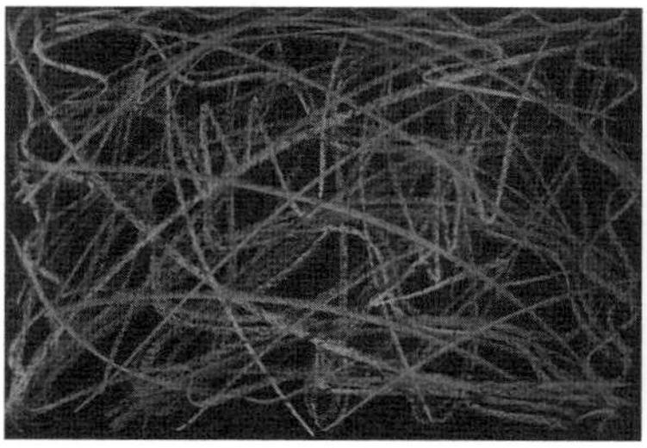

session 4 - Move & Draw (치료자의 작품)

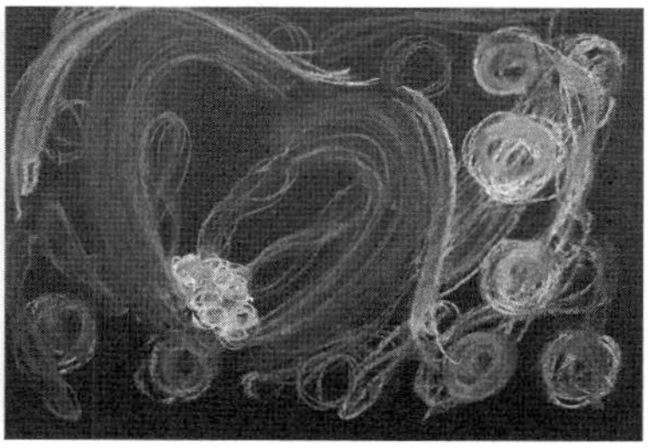

2) 전개 1단계

전개 1단계의 목표는 '역기능적 인지 및 행동 탐색'으로 설정하였다. 이 단계에서는 그녀의 과거경험에 의해 고정된 스키마와 그로부터 발현되는 자동적 사고, 그리고 그에 수반되는 행동의 특성을 탐색하는 과정을 통해 그녀 자신이 가진 과도한 불안의 요인과 본질적 의미를 스스로 깨닫는 과정을 위한 프로그램으로 구성되었다.

session 5: 나의 분노

5회기 프로그램은 내면의 억압된 분노의 감정을 자극하여 외부로 드러내 표출하도록 하여 그 분노를 있는 그대로 자신의 것으로 수용하고자 하는 것에 목표를 두고 구성되었다. 눈을 감고 자신이 평소에 드러내지 못했던 분노의 감정을 만나는 시간을 가진 후, 그 분노를 이미지와 색으로 표현해 보고 자신의 분노의 감정을 최대한 느끼며 악기를 사용하여 분노를 일으키는 그 대상과의 싸움을 시도해 보는 활동으로서, 미술과 음악의 통합된 활동이다. 이는 앞서 살펴본 인지행동치료의 주요한 기법으로서 불안관리훈련(AMT)에서 중요하게 다루고 있는 노출기법에 해당된다.

불안의 감정을 의도적으로 생각하고 강하게 느끼면서 자신의 불안을 수용하는 과정을 통해 불안을 완화시키는 효과적인 방법이다. 치료자는 그녀에게 불안을 다루기 전에 다른 어떤 감정을 표출해 보고 싶은지 물었고, 그녀는 '분노'를 다루어보고 싶다고 말했다. 그녀가 스스로 인식하고 해결하지 못한 감정이 불안의 이면에 있을 것으로 예상하여 치료자는 그녀의 의견에 따라 프로그램을 구성하였고, 그녀가 자신의 억압된 분노를 만나보고 불안에 관하여 다시 생각해 보는 시간을 갖도록 유도하였다. 분노를 이미지로 표현해 보고 그 분노의 감정을 안고 분노를 일으키는 주 대상과 상상을 통해 싸움을 해 보는 일은 자신의 분노를 보다 정확히 느끼고 새로운 의미를 찾을 수 있는 활동이 될 수 있다.

치료자는 이미 그녀로부터 분노의 대상에 관한 이야기를 듣고 그 대상에 관해 알고 있었으며, 그 대상의 성향과 특성을 이전에 나눈 대화를 통해 어느 정도 인지하고 있었으므로, 그 대상의 성향에 맞는 역할과 상상싸움을 실시하는 것이 가능하였다. 또한 이 프로그램에서 사용한 '소고'라는 악기는 한국의 전통적인 타악기로서 스틱을 사용하여 두드리는 악기인데 작은 면적에 비해 부분적으로 다양한 소리를 낼 수 있으며 누구나 쉽게 다룰 수 있는 악기로서 언어로 표현하기 힘든 내면의 감정을 소리의 강약과 리듬을 통해 분노를 표출하기에 적절한 악기이다. 치료자는 그녀가 분노를 일으키는 대상의 역할을 해 주어 그녀와 서로 등을 돌린 채 소고의 소리로 대화를 나누는 것이며, 대화가 아닌 싸움을 시도한 이유는 내담자가 평소에 분노의 대상에게 하고 싶은 이야기들을 해 본 경험이 없다는 이야기를 듣고 소리를 통해 자신의 분노를 마음껏 표출하여 그 분노를 직면하고 해소할 수 있는 기회를 주기 위해서였다.

통합예술치료에서 녹음된 음악이 아닌 사람의 몸, 목소리, 물리적 재료 및 악기를 가지고 직접 연주하며 활동하는 것은 보다 자연스럽고 유기적인 소리에 대한 접근법으로서, 현재 순간과 주변 공간에 대한 몰입을 배가시킨다. 주변의 물리적 환경이나 악기와의 상호작용에서 나오는 자연적인 소리에 표현하는 활동은 다른 사람들과 더불어 더욱 심오한 작업을 할 수 있다. 특히 타악기를 가지고 즉흥적인 소리와 움직임을 시도하는 것은 감정을 증폭시키며 긴장감을 풀 수 있도록 돕는다. 타악기를 통한 라이브 리듬은 생명력이 있고 민감한 반응을 불러일으키며, 소리의 표현자는 무아지경과 같은 효과를 쉽게 느낄 수 있고 표현의 순간에 더욱 완전히 참여하게 한다.

분노의 감정은 특정 상황에 부여하는 개인이 가지고 있는 신념 체계에 의해 결정되며, 이러한 신념 체계는 특정 상황에 부딪히면 자동적으로 활성화되어 지속적으로 일어나게 된다. 따라서 분노는 일상생활에서 부정적 감정으로 분류되어 스스로 억압하거나 잘못된 방법으로 표출되기도 하는데 통합예술치료를 통해 긍정적이고 안전한 방법으로 표현하는 계기를 갖게 되며, 분노 유발 상황에서 특정한 대상에 공격적 행동을 하지 않고 예술 활동을 통해 분노를 승화시켜 표현할 수 있다는 장점이 있다. 따라서 분노의 감정을 반복적으로 억제하다보면 2차적인 심리적 문제를 일으킬 수 있으므로 분노의 표출과 해소가 우선적으로 중요하며, 인지행동치료의 원리에 따라 자신이 느끼는 감정의 요인과 그 감정의 타당성을 현실적으로 재확인하기 위한 과정이 될 수 있다.

session 5 - 나의 분노

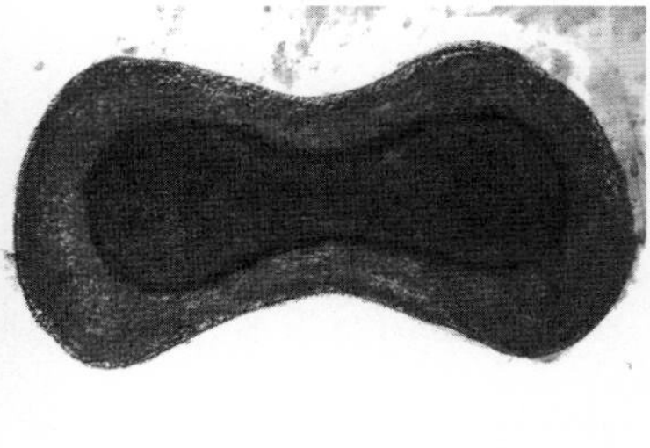

session 6: 나의 불안

6회기 프로그램은 그녀의 핵심적 문제인 불안에 대해 다루어 보고자 자신이 느끼는 불안의 형상을 이미지와 색으로 표현해 본 후, 그 불안의 느낌을 작은 북을 이용하여 소리로 표현해 보고 불안에 대한 생각을 다시 그림으로 표현해 보는 활동이었다. 인지행동치료의 원리에서는 불안한 감정이 발현되면 자동적으로 떠오르는 사고가 있으므로, 감정과 사고의 영역을 분리하여 그녀로 하여금 자신의 감정과 사고를 구체적으로 이해할 수 있도록 돕기 위한 것이었다. 이에 미술과 음악의 통합적 활동으로서 미술활동이 두 번 반복되고 중간에 악기를 사용하여 언어로 표현하기 힘든 감정을 소리로 표현한 후 그 느낌을 더욱 구체적으로 느낄 수 있도록 돕기 위해, 미술-음악-미술의 순서로 구성되었다.

이 활동을 통해 내면의 불안을 표현하고 자신의 불안을 이해하고 새롭게 인식하여 그녀가 가진 불안에 대한 왜곡된 사고와 불안으로부터 발현되는 자동적 사고와 아직 일어나지 않은 일에 대한 비합리적 신념에 대한 검토 및 확인을 기대할 수 있다.

그녀가 미술활동을 통해 자신의 미술작품에 투영하는 것은 긍정적 이미지든 부정적 이미지든 미래 행동의 중요한 결과를 미리 드러내고 그녀의 현재 느낌과 행동을 드러낼 수 있으며, 다른 예술 영역과 통합된 형태로서의 미술은 내면의 진실들과 소통하는 언어로 이용함으로써 감정을 시각적 형태로 표현하기 위한 것이다.

음악치료에서는 드럼이나 북을 치는 활동이 내담자들에게 긍정적인 신체적 심리적 효과를 제공하여 긴장 완화의 느낌, 뇌의 균형 회복, 자기 자각, 감정적 치유, 영적 체험 등의 효과를 기대할 수 있기 때문에 최근에는 더욱 선호되는 접근법으로 인식되고 있다. 악기를 많이 다루어보지 못했던 내담자들에게는 특히 음악치료의 구성이 간단해야 하며, 그 치료의 방향은 창의적이고 다양한 활동으로 진행되어야 한다. 또한 악기를 사용한 즉흥적인 리듬을 자유롭게 연주하는 활동은 내담자의 역동을 이끌어 주며 저항과 참여의 수준을 파악할 수 있다.

특히 본 회기는 불안을 주제로 한 활동으로서 북을 사용하여 표현하는 리듬은 단지 강세나 장단에 의해서만이 아니라, 어두운 감정과 밝은 감정의 여러 감정들을 지각할 수 있다는 점에서 중요한 활동이라고 할 수 있으며, 이러한 원리를 이용하여 불안을 극복할 수 있는 체험이 가능하다. 느껴지는 감정을 악기의 모양과 소리로 나타내는 방법은 감정이입과 통찰을 얻게 되며, 북이나 징 등의 악기는 대체로 소리도 크게 연출되어 억압된 감정을 표현하는 데 효과적이다. 본 회기의 프로그램은 불안에 대한 보다 깊은 이해와 자신의 불안에 대한 새로운 의미를 발견하여 불안을 유발하는 역기능적 사고를 스스로 발견할 수 있는 계기가 되었다.

session 6 - 나의 불안

session 7: 불안의 형상

7회기의 프로그램은 지난 6회기와 연결하여 불안을 주제로 구성된 내용으로서, 미술과 문학이 통합된 활동이다. 그녀의 불안을 내면에서 외부로 끌어내어 이미지로 형상화시키고 제 3의 객체로서 바라보며 불안의 외재화를 이루어 자신의 불안을 객관적인 시선으로 바라보는 기회를 제공하기 위함이다. 불안을 자신과 분리하여 미술활동을 통해 형상화하여 또 하나의 객체로 바라보는 외재화의 과정이다. 그녀가 그림 작업으로 형상화한 불안에 새로운 이름을 붙여주고 불안에 대한 새로운 관점을 구축하여 그 동안 느껴보지 못했던 불안이라는 감정을 보다 합리적이고 긍정적으로 바라볼 수 있도록 유도하고, 새로운 이름을 붙여 준 그 불안을 향해 편지를 써보는 활동으로 구성하였다. 이는 불안을 의식적으로 떠올린 후, 그 자극에 반응하는 자신의 모습을 느껴보고 그에 대한 대처방법을 글로 써보는 불안관리훈련(AMT)에 해당된다.

자신의 내면에만 존재하고 있던 불안이라는 감정을 이미지로 형상화시켜 바라보는 과정은 자신의 안에서 감정으로 느껴질 때와는 다르게 다른 시선으로 바라볼 수 있는 계기가 될 수 있다. 내담자의 문제되는 심리적 증상을 외재화시켜 그림으로 표현해 보는 활동은 내담자와 증상을 분리하고, 이름을 붙여주는 활동은 분리된 증상이 자신과의 관계에 어떤 영향을 미치는지를 탐색하는 과정을 통해 내담자의 인지양식의 평가가 가능해지고, 내면의 세계가 어떻게 외적 행동으로 연결되는지를 인식시킬 수 있다. 의미는 경험을 이야기로 구성하는 과정에서 도출되며 이야기를 다시 전하고 재현하는 과정은 내담자가 변화하는 데 중요한 작용을 한다.

외재화 표현활동의 목적은 이야기 활동을 통해 외재화를 활용함으로써 내담자가 상담의 환경에서 현재 자신이 가진 문제를 설명하고 재구성하고 해결할 수 있도록 하는 데 있다. 또한 은유법을 활용하게 되는 과정에서 내담자는 당면한 문제를 설명할 뿐만 아니라, 문제에 대해 은유적으로 표현하기 위해 미술재료들을 활용함으로써 내담자는 의미를 찾고 재구성하고 자신의 문제를 해결할 수 있다.

이처럼 이야기를 다시 전하고 재현하는 과정은 인지행동치료의 원리를 바탕으로 한 활동이며 내담자의 내러티브가 보다 활발히 진행되도록 도울 수 있어 내담자가 변화하는 데 중요한 작용을 하게 된다. 다양한 관점에서의 시각과 해석은 내담자 스스로 보다 합리적이고 현실적인 사고를 가질 수 있도록 인지행동치료의 원리에 근거하여 내담자의 변화를 이끌어 줄 수 있으며, 내담자로부터 보다 다양한 맥락과 다양한 담론을 가능하게 한다.

통합예술치료에서 미술을 통한 시각화의 활동은 내담자가 문제에 대한 새로운 방법을 찾는 것을 시도하지 못하는 경우에 효과적으로 사용되는 방법이며, 해결하지 못하는 문제를 다루는 새로운 방법을 찾는 것을 도모한다. 편지 쓰기나 일기 쓰기, 또는 시 쓰기 등의 작문의 활동은 현재의 생각이나 감정의 변화를 탐색할 때 활용하는 방법으로서, 인지행동치료기법과 통합예술치료에서 공통적으로 사용되는 방법이다.

이처럼 어떤 문제를 바라보는 새로운 시각과 방법을 찾기 위한 방법으로서, 정상적이지만 새로운 방법으로 표현을 시도해 보고 혁신적이고 덜 구조화된 사고를 하도록 이끌 수 있다. 자신이 가진 증상을 제 3의 객체로 분리시켜 하나의 형상으로서 바라보는 시간은 자신의 것이 아닌 외부의 것이 되므로 객관적이고 중용적인 해석을 가능하게 한다.

대부분의 사람들은 자신의 증상을 자신의 내부에서 바라보고 처리하려고 노력하기에, 자신의 감정을 다른 각도에서, 다른 시선으로 객관적으로 바라볼 수 있는 계기를 스스로 만들기는 어려운 일이다. 또한 그것은 매우 추상적이고 주관적인 방법으로서 막연한 생각이나 깊은 사유를 통해서도 객관적으로 다시 바라보는 시도는 쉽지 않다. 이는 자신의 증상을 미술활동을 통해 자신과는 별개의 제 3의 객체로서 외재화시키는 인지행동 미술치료의 한 방법을 활용한 것으로서, 내담자가 자신의 작품에 거리를 두고 바라보는 시간은 내담자 스스로 불안에 대한 새로운 시각을 가질 수 있도록 도울 수 있는 계기가 될 수 있었다.

본 회기에서는 이와 같은 방법으로 그녀의 불안을 두 회기에 걸쳐 연결하여 다루어 보았으며, 불안으로부터 발현되는 문제적 사고를 전환하기 위해 불안을 새로운 객체로서 객관적이고 합리적으로 인지할 수 있도록 불안에 대한 또 다른 관점을 가능성을 두고 이루어졌다.

session 7 - 불안의 형상

session 8: 내 안의 공포

8회기의 프로그램은 그녀가 불안의 이면에 가지고 있는 또 다른 감정인 '공포'를 주제로 한 활동으로서, 미술과 음악이 통합된 활동이었다. 치료자가 그녀에게 불안의 이면에 자리한 불안과 관련된 또 다른 감정들에 대하여 질문했을 때, 이전에 다루었던 '분노'외에 또 다른 공포에 대하여 이야기하기를 원했기 때문이다. 그녀가 자신의 삶 속의 공포의 요인을 알고 싶어 하였고, 그 의미를 이해하고자 하는 의지를 보였으므로 내담자의 요구에 따라 자주 발현되는 공포의 감정을 이미지와 색으로 표현해 본 후, 공포를 느끼는 주된 특정 상황들을 몇 가지 떠올려 공포의 수준에 따라 척도별로 북을 두드리는 활동으로 구성하였다.

이 활동도 불안관리훈련(AMT)의 방법에 해당되며 소리를 통해 의식적으로 떠올린 공포를 표현해 보는 과정을 통해 특정한 자극에 반응하는 자신을 만나볼 수 있는 기회를 가진다. 또한 이 프로그램은 인지행동치료의 노출기법에서 점진적 기법에 해당된다고 볼 수 있다. 불안이나 공포의 감정을 약한 정도에서 시작하여 점점 강한 정도로 단계별로 나아가면서 충분히 그 감정을 느껴보는 방법이다. 이 활동을 통해 자신의 공포를 떠올려 안전하게 표출하고 이야기하는 과정을 통해 자신의 공포를 이해하는데 목표를 두고 있으며, 6회기의 프로그램과 비슷한 맥락으로 구성되었다.

이번 회기에서 통합예술치료 프로그램은 다양한 예술의 영역 중에서도 미술의 영역이 가장 많이 활용되었다. 그 이유는 내담자의 불안을 이미지로 시각화하여 제 3의 객체로 바라보며 객관적인 시선으로 바라볼 수 있는 도구가 될 수 있으며, 결과물을 영구적으로 보관할 수 있어 내담자가 스스로 그 이미지를 기억하고 때로는 다시 꺼내 확인하며 자신을 지속적으로 탐색할 수 있도록 하기 위함이었다.

이는 인지행동치료의 원리에 근거하여 내담자 스스로 치료의 과정, 또는 치료를 마친 후에도 지속적으로 검토하고 확인하는 훈습의 과정이 중요하기 때문이다. White는 통합예술치료 중에서도 특히 미술치료가 자기탐구와 이해로 가는 길을 열어주며, 성찰과 변화를 위한 자극을 제공하여 성장을 위한 통찰과 방향전환과 재교육의 효과를 줄 수 있다고 하였다. 따라서 본 회기의 프로그램은 공포를 표출하고 이해하는 작업으로서 그림으로 표현하는 미술기법과 즉흥적으로 타악기를 두드리는 음악의 통합적 활동이 그녀의 역동을 도울 수 있으며, 이러한 인지행동 통합예술치료 프로그램을 통해 그녀의 다양한 감정들을 표출하고 다시 이해하는 과정은 불안장애를 위한 적절한 치료방법이 될 수 있다.

session 8 - 내 안의 공포

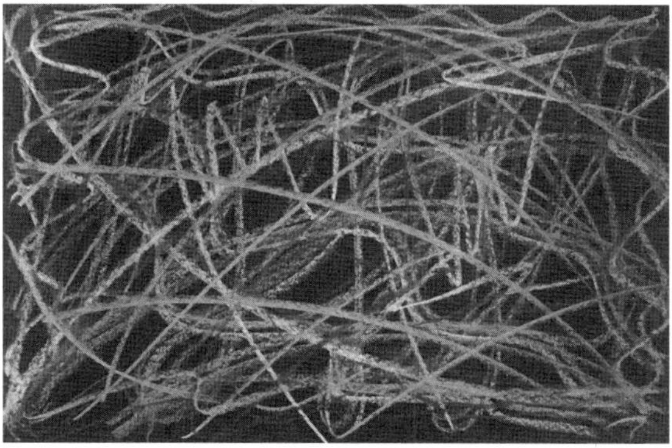

session 9: 불안의 전경화 1

9회기의 프로그램의 주제는 다시 그녀가 가진 '불안'을 시간의 맥락에서 다루어 보는 것이다. 그녀 자신의 삶을 스스로 순차적으로 돌이켜 보며 삶의 시기마다의 불안을 일으키는 특정한 상황과 촉발요인을 확인하여 그 불안의 느낌을 그림으로 표현해 보고, 각 시기별로 불안에 대하여 드는 생각을 짧은 문장으로 써보는 활동으로서 미술과 문학의 통합으로 구성되었다. 그녀가 기억할 수 있는 가장 최초의 불안부터 시작하여 가장 가까운 최근의 불안의 경험을 돌이켜 보며 시기별로 특정한 상황을 떠올려 본다. 그리고 그 불안의 느낌을 기억하여 느낌에 맞는 색을 가진 색지를 선택하고 상징적으로 그림을 그려 보고, 과거에 느꼈던 자신의 불안을 더듬어 기억해 보는 과정을 통해 특정한 상황에서 불안이 발현된 요인과 그 불안의 의미를 이해하고자 하는 활동이다. 나아가 과거부터 현재까지 가져왔던 특정한 상황에 대한 부정적 자동적 사고를 탐색하여, 자신의 고정된 관점을 벗어나 합리적이고 현실적인 생각으로 다시 생각해 보는 과정을 통해 새로운 이야기를 이끌어 내는 프로그램이다.

인지치료상담의 과정에서 '길잡이식 발견'(Guided Discovery)학습의 개념은 내담자의 과거 경험과 연결시켜 현재 나타나는 역기능적 사고를 관찰하는 것을 의미한다. 길잡이식 발견 학습 과정 중에 치료자는 내담자와 함께 생각의 근원을 밝히고, 생각의 인지적 왜곡에 대해 밝히고자 하는 것이다. 내담자와 함께 이런 작업을 할 때, 내담자는 자신의 자동적인 사고체계를 인식하게 되는데 그러한 자동적인 사고가 부정적이거나 혹은 역기능적인지를 스스로 인지하는 것이 중요하다. 이러한 과정이 진행됨에 따라 내담자는 자신의 인지력이 행동이나 감정에 어떠한 영향을 미칠 수 있는지 이해하게 된다.

문학치료는 말에 의해서가 아니라 '경험'에 의해서 가능하다. 즉, 치료는 문학적 표현이 아니라 그 표현이 담고 있는 경험 내용에 의해서 자신의 고유한 언어를 찾을 수 있도록 돕는 것이다. 개인이 과거에 경험한 자신의 특정한 감정을 생생하게 재경험하고 언어를 통해 교정될 때 치료의 의미가 부여된다. 따라서 개인의 과거경험을 다시 재경험하며 표현하는 언어를 다루는 것이 문학치료이며, 주로 음악과 미술 또는 동작의 매체를 통합하여 사용된다.

내담자는 글을 읽거나 쓰는 과정을 통해 인지적, 정서적 통합을 이루게 되고, 긍정적이고 건설적인 생각을 유도하여 새로운 체험과 변화의 기회를 마련해 줄 수 있다. 따라서 과거의 특정한 상황에서의 불안의 경험들을 떠올려 그림으로 표현하는 과정을 통해 보다 구체적이고 감각적인 느낌을 떠올려 볼 수 있으며, 자신의 감정을 신뢰하는 시간에서 생각을 글로 써 보는 작업은 내담자의 불안에 대한 회고가 보다 명료해지도록 도울 수 있다.

session 9 - 불안의 전경화 1

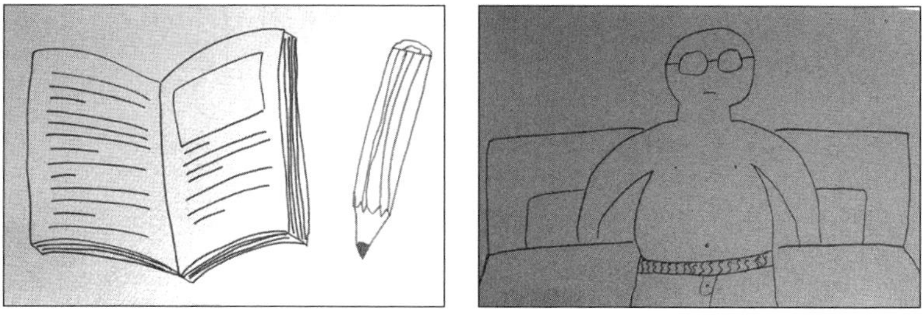

session 9 - 불안의 전경화 1

3) 전개 2단계

전개 2단계의 목표는 '역기능적 인지 및 행동 교정'으로 설정하였다. 전기 1단계에서 탐색한 부정적 자동적 사고와 역기능적 사고 등을 유발하는 역기능적 인지와 행동의 오류를 파악하여 합리적이고 긍정적인 사고로 교정해 보는 과정으로 구성되었다. 이 단계에서는 인지행동치료의 '노출'기법을 활용하여 내담자가 불안을 특히 강하게 느끼는 특정한 상황에 의도적으로 노출되게 하여 스스로 깨달은 인지적 오류를 실제 생활에서 직접 느낄 수 있도록 하였다.

session 10: 아버지의 삶

10회기의 프로그램은 내담자가 공포와 불안을 느낀다고 스스로 생각하는 대상으로서 그녀의 아버지에 관해 깊게 생각해 보는 시간이다. 그녀는 아버지가 자신의 어린 시절부터 자신에게 항상 부정적인 평가를 해 왔고 아버지는 언제나 무섭고 두려운 존재였다고 설명한 것을 근거로 하여, 그녀의 아버지를 주제로 설정하고 아버지에 관해 구체적으로 생각해보고 함께 이야기해 보는 시간이 필요했다. 이 프로그램은 아버지가 그녀에게 취했던 양육방식을 구체적으로 살펴보기 이전에, 아버지는 어떤 삶을 살아 오셨는지, 아버지는 어떤 환경에서 어떤 성장과정을 거치며 성장해 오셨는지에 대한, 아버지의 삶을 아버지의 어린 시절부터 현재까지 순차적으로 살펴보기 위한 것이다.

치료자는 이 프로그램을 실시하며 그녀가 아버지에 대한 이야기를 하는 중에 자신이 이야기 한 내용에서 새로운 의미를 발견하고, 아버지에 대한 이해의 과정을 지나 아버지를 대상으로 느끼는 불안을 재인식할 수 있게 하기 위해 현실적이고 객관적인 관점에서 이야기를 나눌 수 있도록 노력하였다. 아버지의 삶에 관하여 그녀가 이야기를 하며 이루어낸 아버지에 대한 이해와 더불어 새로운 감정이 생겨나도록 유도하고, 아버지를 주제로 한 노래를 감상한 후에 새롭게 든 감정이나 생각을 이미지와 색으로 표현해 보았다. 그리고 그녀가 과거에 가졌던 아버지에 대한 감정과 생각과 행동, 그리고 앞으로 가지게 될 아버지에 대한 새로운 감정과 생각과 행동을 다시 이야기해 보며 새롭게 다짐해 볼 수 있는 것을 목표로 하였으며, 음악과 미술의 통합으로 구성되었다.

내러티브 연구는 관계 맺고 있는 사람들과의 경험에 대한 연구이며, 삶을 살아가고, 이야기하고, 다시 이야기하는 과정을 통해 자신의 실존적 삶으로 재구성하는 것이다. 내담자와 관계를 맺고 있는 사람들을 연구하는 것은 내러티브 연구에서 무척 중요한 과정이며, 내러티브 연구 속에 반향 되는 내담자의 정체성의 자취이다. 따라서 아버지의 존재가 내담자의 부정적 자동적 사고와 역기능적 사고에 가장 큰 영향을 미쳤다고 스스로 생각했던 그녀는 아버지 개인적 삶을 구체적으로 탐색해 보고 다시 이야기하는 과정을 통해, 불안에 대한 새로운 의미를 발견할 수 있는 또 다른 계기가 될 수 있다.

인지행동 미술치료에서는 보다 원활한 가족과의 의사소통과 상호작용을 할 수 있는 동기부여를 제공할 수 있도록 비언어적인 방법을 통해서 의미 있는 의사소통을 촉진하는 활동을 제공한다. Bandura에 의하면 인간의 행동은 관찰에 의해 학습되고 모방되는 것이라고 하였다. 미술재료를 가지고 원하는 행동들을 하고 지속적인 관계 속에서 상담자와 가족, 혹은 프로그램에서 다루는 재료들과의 상호작용을 강화함으로써 내담자는 성공적인 경험을 인지하고 이러한 경험을 통해 새로운 환경에서 상호작용과 행동들을 반복함으로써 개념적 행동지침을 익히게 된다.

이는 인지행동치료의 원리에서 비합리적 신념을 깨닫고 합리적이고 현실적인 사고로 변화하도록 하는 핵심적 개념과 연결되어, 내담자로 하여금 다시 이야기를 해 나가는 과정에서 치료자와 충분히 상호작용하며 새로운 의미를 발견하는 깨달음의 시간이 되어 내담자의 새로운 내러티브를 창조하도록 도움을 줄 수 있다.

session 10 - 아버지의 삶

session 11: 생명나무

11회기의 프로그램은 만다라 작업으로서 원 안에 자신을 표상하는 상징나무를 그리고, 그 나무에 생명을 불어 넣어 생명나무로서 새롭게 전환시켜 보는 활동이다. 생명이 있는 나무, 그리고 자연의 이치와 순환의 의미를 통해 자신을 돌아볼 수 있는 기회를 줌으로써 자존감 향상에 도움을 줄 수 있다. '생명'이라는 의미를 강조하고 그 느낌에 집중할 수 있도록 실제 숲속에서 나는 자연의 소리를 녹음한 것을 감상하며 생명나무 작업에 도움을 주도록 하는 미술과 음악의 통합적 활동이다. 따라서 내담자가 나무를 그리는 과정에서 나무가 자리하는 숲속의 느낌을 보다 생생하게 느끼도록 숲속에서 나는 자연의 소리를 함께 감상하며 작업하도록 하였다.

자연을 소재로 한 것은 사람의 마음을 편안하게 해 주는 리듬이 있기 때문에 인간의 인체 리듬과도 맥을 같이 한다. 음악은 자연의 소리를 모방하는 데 기원을 두고 있으며 자연의 소리를 악기로 표현한 것을 '자연음악'이라고 한다. 이러한 근거로 음악치료에서는 자연의 소리가 '백색소리'로서 치료적 효과에 큰 의미를 두어 자주 활용되고 있다.

만다라와 생명의 나무, 그리고 자연의 소리는 '생명'이라는 상징을 공통적으로 가지고 있으며 심리적 안정을 유도하고 정신적 균형을 유지할 수 있도록 돕고, 불안에 대처하는 대처자원으로서 스스로의 내재된 힘과 잠재력을 느끼고 인식하도록 도울 수 있다. 따라서 이 프로그램은 그녀 자신에게 내재되어 있는 생명의 힘과 에너지를 인식하여, 잠재되어 있는 불안에 대한 대처자원을 생각해 보고 재인식 할 수 있도록 돕기 위해 구성되었다.

생명의 나무는 만다라 작업을 통해 표현하도록 하였는데 만다라는 정신과 의사인 융(Jung)이 환자를 치료하는 데 중요한 도구로 사용하였으며, 만다라를 통합적인 정신의 중심인 '자기'를 나타낸다고 하였다. 인간은 무의식과 의식의 통합적인 정신의 패턴을 실현하고자 하는 의지가 있으며, 그것을 자연스럽게 실현할 수 있는 구체적인 형태를 제시하고 있다는 점에서 만다라는 인간의 잠재된 가능성을 구현할 수 있게 한다.

잠재된 가능성에서 중심이 되는 만다라는 그 자체가 에너지의 원천이라고 할 수 있으며, 한 개인이 자신의 내면에 자리하고 있는 본래 자신의 모습이 되기를 원하는 정신적 에너지로서 모든 생물체가 자신의 모습을 유지하고 번식시키기 위하여 노력하는 모습과 같다고 볼 수 있다. 따라서 생명의 나무를 통해 잠재된 에너지와 스스로 불안을 다룰 수 있는 대처자원의 발견을 이루고자하는 의도는 만다라의 본질적 의미와 동일한 맥락에서 해석될 수 있으며, 두 가지 개념의 통합적 활동은 내담자의 갈등을 표출하고 자신의 에너지와 정신적 힘의 근원을 발견할 수 있도록 하여 과거의 왜곡된 사고와 역기능적 사고들의 교정을 위한 도움을 줄 수 있다.

session 11 - 생명나무

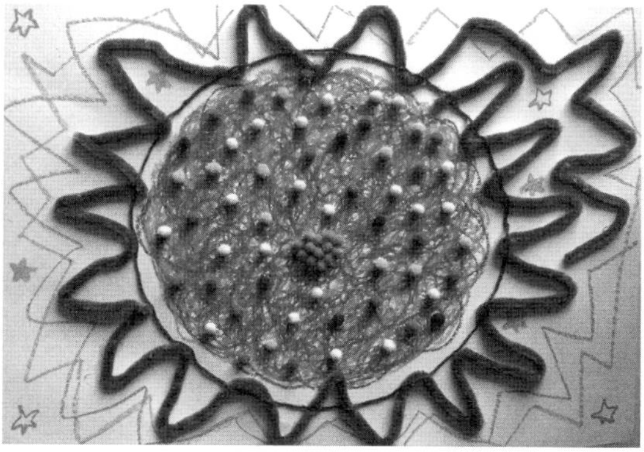

session 12: 황금연못 1

12회기 프로그램은 치료자와 함께 영화를 감상하고 이야기를 나눈 후에 그녀가 영화 감상문을 작성해 보는 활동으로서, 영화와 문학의 두 가지 영역이 통합된 프로그램이다. 그녀는 자신의 불안의 주된 대상이 아버지라고 생각하기 때문에 아버지와 딸의 관계를 주제로 한 영화를 재료로 사용하게 되었다. 영화 '황금연못'은 사랑하는 딸에게 사랑을 표현하지 못하고 자신의 마음과는 전혀 다르게 딸을 대하는 무섭고 냉정한 아버지의 모습과 그런 아버지로 인해 평생 마음속에 상처를 안고 힘들어 하는 딸을 그린 영화로서, 치료자가 생각하기에 그녀의 경험과 근접하다고 생각하여 이 영화를 선택하게 되었다.

영화 속 주인공들의 모습을 통해 그녀는 자신을 투사하는 과정을 기대할 수 있지만, 자신의 상황과 비슷한 타인의 모습을 보며 그 대상을 객관적인 시선으로 바라보고 아버지의 태도에 대처하는 새로운 방법을 재인식 할 수 있는 계기가 될 수 있다. 치료자와 그녀는 영화를 함께 감상하고 아버지의 입장과 딸의 입장을 제 3자의 입장에서 바라보며 이야기를 나누는 과정을 통해 내담자는 자신과 아버지의 관계에 대해 또 다른 관점에서 새롭게 인식할 수 있도록 하였으며, 그것을 명료하게 이해하도록 돕기 위해 영화감상문을 써 보도록 하였다. 영화 '황금연못'은 1981년에 상영된 미국영화이며 원제는 'On Golden Pond'이다. 아버지와 딸의 불화로 인해 오랜 시간동안 결별하여 지냈지만 어머니의 노력으로 두 사람은 다시 만나게 되었고, 딸은 아버지가 과거에 자신에게 표현하지 못했던 자신에 대한 깊은 사랑을 느끼게 되어 서로 화해하게 되는 내용을 다룬 영화이다. 딸은 늙고 아픈 아버지의 모습에서 무섭고 냉정하던 아버지의 모습 이면에 감춰져 있는 약한 마음과 자신에 대한 아버지의 사랑을 발견하게 되어 아버지에 대한 이해와 사랑을 가지게 된다.

이러한 영화의 내용은 치료자가 그녀에게 불안에 대한 새로운 의미를 발견할 수 있도록 하기 위해 우선 아버지에 대한 깊은 이해를 시도했던 10회기의 프로그램과 불안을 주제로 다룬 초기의 프로그램들과 연결되어, 아버지와 그녀와의 관계 양상을 그녀 스스로 이해하고 관계에 대한 객관적 조망을 이루기 위해 구성된 것이다.

영화는 인간의 감정에 직접적으로 호소하고 영혼의 깊은 곳에 자극을 줄 수 있는 예술로서, 영화 관람자가 영화를 통해 자신을 발견하게 해 준다. 영화 관람은 자율적 자아, 주체성 획득에 관련한 무의식적 과정을 반복하게 하고, 영화 속 주인공과 비슷한 자신의 상황을 이해하고 문제를 극복하는데 도움을 준다. 정신분석 이론에서는 내담자의 치료적 효과를 위해서 일상적인 대인관계의 심리적 기제가 영화에서도 동일하게 기능하여야 한다는 동일시를 강조한다. 여기서 동일시는 성장 시기에는 자식과 부모 간, 그리고 치료의 과정에서는 내담자와 치료자 간에 일어나는 중요한 정신작용으로 간주된다.

즉, 내담자가 영화 속 인물들에게 공감하는 경험은 이미 치료적 의미를 지니며 자신이 과거에 경험했던 어떤 외상을 영화를 통해 재경험하는 효과를 갖게 된다. 이처럼 영화치료에 대한 인지치료적 접근은 영화 관람을 통해 자신의 행동에 대한 반성적 태도와 새로운 인지적 해석을 가능하게 한다는 관점을 가진다.

통합예술치료에서 문학의 영역 중 글쓰기 작업은 글을 예술적으로 구성하는 것보다 자신의 경험에 대한 느낌을 표현하고자 노력함으로써 자신이 하는 말과 감정에 자연스러운 리듬의 흐름을 갖게 한다. 글쓰기란 특정 시간에 일어나는 인식과 감정이 좀 더 일반적인 움직임의 일환으로 작용하는 것이고, 텍스트는 우리가 삶의 조건에 침투하고 이를 발전시키고 변화시킬 수 있도록 해주는 상상력의 성소(聖所)이다. 영화를 감상한 후에 글쓰기 활동으로 이어지는 것은 내담자가 영화 관람을 통해 느꼈던 감정과 새로운 인지적 해석의 과정을 글쓰기를 통해 다시 이야기함으로써 보다 명료한 인지치료적 접근의 효과를 높이기 위해서이다.

session 13: 황금연못 2

13회기는 이전의 12회기에서 감상했던 영화에 연결된 활동으로서, 미술과 문학의 통합적 프로그램으로 구성되었다. 자신을 주인공으로 설정하고 새롭게 재인식되고 변화된 언어와 행동을 중심으로 시나리오를 작성한 후, 미술활동을 통해 그림미니영화를 제작해 보는 활동이다. 12회기에서 영화감상과 인지적 접근의 해석을 통해 재구성된 아버지와 그녀 자신의 관계에 대한 인식을 보다 확고히 하여 변형적 내재화의 경험을 이루기 위한 것이다. 이러한 관점에서 그녀 스스로 시나리오를 작성하고 상황에 맞는 장면들을 그림으로 그리고 몇 컷의 필름처럼 만든 후, 치료자와 함께 역할을 분담하여 대사를 읽어보도록 하였다. 이와 같은 통합적 활동을 통해 새로운 대처방식을 인지하고 관계의 유연성을 갖도록 돕는 것이 이 프로그램을 통해 얻는 치료적 효과라고 할 수 있다.

통합예술치료에서는 언제나 이야기를 하고 듣는 과정이 이루어진다. 특히 그림이나 사진의 매체에서 나오는 인물들을 바라보며 내담자 자신의 것과 그들이 인식하는 것에 대해 이야기 할 때, 내담자로 하여금 상상력을 발휘하게 하고 통찰력이 발현되는 방식으로 표현할 수 있게 해준다. 내담자의 창의적 표현으로 나타나는 인물들을 통해 치료과정에서 중요한 핵심적 내용과 요소들을 표현하게 되며, 개인적 감정과 삶의 상황에 보다 자연스럽게 가까이 데려다 주는 효과가 나타나게 된다. 상상력을 지닌 미술 작품으로 이러한 방식을 적용하는 것은 내담자들의 내면에 있는 표현력이 보다 강하게 활성화되어 기존의 사고와 표현양식으로부터 벗어날 수 있게 해 준다. 그림 속 인물이나 이미지, 또는 사물에 인격을 부여할 수 있고 살아있는 것이나 친밀한 대상으로 볼 수 있다면, 시적이면서도 극적인 대화의 영역에 자리하게 되었음을 의미한다.

따라서 이러한 활동은 내담자가 그림 속 인물들에게 자신을 투사하여 자신으로서 이야기하며 또 다른 그림 속 인물들과 상호작용을 하게 되어 자신을 자극하는 요소나 대상, 또는 상황에 대해 자연스럽게 이야기하도록 이끌어 낼 수 있다. 나아가 그림 속 인물과 이미지에 대해 감정을 표현하도록 하여 친밀한 정서적 표현을 유도할 수 있으며 심상적 수준의 대화를 이끌어 낸다. 감정 표현의 양식에서 글쓰기는 중요한 위치에 있다. 특히 짧은 글 쓰기는 참여자의 감정과 문제, 그리고 관심을 이해하고 표현하는 것을 자극하도록 도움을 주어 감정을 외면화하는 과정으로 이어질 수 있기에 인지행동치료에서는 현재의 생각이나 감정의 변화를 탐색할 때 일기 쓰기를 활용한다.

session 13 - 황금연못 2

session 14: 남편과 나

14회기의 프로그램은 상황 역할극과 작문이 연결된 활동으로서 연극과 문학 영역의 통합으로 구성되었다. 그녀의 남편을 대상으로 불안과 공포를 경험했던 과거의 상황들을 회상하며 남편의 역할과 자신의 역할을 모두 재현해 본 후, 남편의 입장이 되어 그녀 자신에게 편지를 쓰고 남편에 대한 새로운 다짐을 글로 써 보는 활동으로서, 이는 불안관리훈련(AMT)에 해당된다.

과거에는 자신의 입장에서 남편을 바라보며 판단해 왔지만 지금까지와는 다르게 남편의 입장에서 자신을 바라보는 시간을 갖고 남편의 마음은 어땠을지, 남편이 보는 그녀 자신의 모습은 어땠을 지를 새롭게 이해하여 과거에 불안과 공포를 주었던 남편에 대한 새로운 의미를 발견하기 위한 것이다. 이 활동을 통해 남편에 대한 이해와 불안상황에 대한 재인식과 합리적인 대처방법, 그리고 자신의 안전 행동을 인식하여 대처방법을 교정하는 효과를 기대할 수 있다.

인간은 자신이 가진 심리적 갈등의 원인을 이해하기 위해 심리적 갈등을 안겨준 대상의 본질적 성향과 그 대상의 개인적 삶을 살펴보는 과정을 통해 대상을 온전히 이해하는 과정이 필요하다. 그러한 과정에서 자신의 심리적 갈등을 객관적으로 바라볼 수 있으며, 보다 합리적이고 덜 방어적인 태도를 취할 수 있는 특별한 계기가 될 수 있기 때문이다. 사람들은 때로는 어떤 상황에서 자기초점으로 판단하고 해석할 수 있으며, 그러한 왜곡되고 편향된 인지는 반복적인 갈등을 만들어 내기 때문에 다른 관점에서 다른 이면의 것을 바라보지 못하게 된다. 따라서 역할극을 통해 스스로 새로운 의미를 발견하도록 돕는 과정은 반복되는 자동적 사고의 교정을 돕고, 역할극에서 발견한 새로운 의미를 글쓰기로 정리하여 명료하게 재인식하도록 도울 수 있다.

삶에서 일어나는 사건을 설명하거나 이를 다시 경험하려고 하거나, 새롭고도 상이한 방식으로 살아가는 자신을 표현해 볼 때는 극적인 역할연기를 적용하는데, 이 매체는 심상의 대화, 극적인 즉흥 표현, 스토리텔링, 퍼포먼스 등의 다양한 요소들이 나타나도록 해주는 역할을 해 준다. 즉, 역할극에서는 그 상황에서 중요한 핵심적 의미를 표현하게 만드는 가능성을 지니며, 새로운 내러티브를 구성할 수 있는 적절한 매체가 될 수 있다. 또한 연극치료는 행동의 변화를 강조하고 실제 상황에 앞서 새로운 행동을 연습하는 측면에서 인지행동치료와 비슷한 맥락에서 이루어지고 있다고 볼 수 있다.

특히 역할극은 연극치료와 인지행동치료에서 자주 사용되는 기법으로서 내담자가 사회적 환경에서 선택하는 행동의 습관을 형성시키는 훈련으로 적용된다. 이처럼 인지행동치료에서 역할극은 특정한 상황 속에서의 대처 기술을 연습하여 실제적으로 적용시키기 위한 전략으로 활용되고 있다.

연극치료에서 내담자가 역할 연기를 하는 것은 환경에 반응하고 참여하여 긍정적 변화를 취하고자 하는 의지가 있음을 의미한다. 역할극에서의 역할은 사회적 맥락에 의해 매개되는 역할들을 맡게 되고, 이러한 맥락에서 기능하는 개인은 타인들의 신호와 행동에 기초한 역할을 연기한다. 참여자의 가족에 대해서는 자신이 행동하는 것과 동일한 방식으로 행동할 때 성공적인 효과를 가져 오게 되며, 다른 사람의 역할을 연기해 볼 때는 그 사람과 동일시하여 그 사람의 태도나 특징적 행동 방식을 가정한다. 특정한 사건이나 상황에서 아직 해결하지 못한 일에 대한 기억들, 또는 역할의 맥락에서 앞으로의 상황을 위해 준비하는 연기를 하도록 요구된다.

이러한 과정은 실제 삶의 상황과 근접해 있거나 상상적인 내적 과정의 외재화라고 볼 수 있다. 이와 같이 역할극의 초점은 자신의 삶에서 중요한 순간이나 내적 갈등들에 대한 개인의 재연에 있게 되므로, 특정 문제를 평가하고 기술을 알려 주거나 대처 전략을 연습하는 치료적 과정의 노력으로 이용될 수 있다. 이에 질적 수준에서 사회적 행동을 분석하는 데 적합하고, 강력한 방식으로서 역할극이 자리하고 있다. 따라서 불안에 대한 역할극의 활용은 내담자 내면의 새로운 역동을 기대할 수 있으며, 사건을 새롭게 이해하고 다시 변형하여 창조성의 잠재력을 발견할 수 있어 인지행동치료와 통합예술치료에서 역할극과 글쓰기의 활동은 공통적 핵심 활동으로서 그 맥을 같이하기에 치료적으로 시너지효과를 기대할 수 있다.

session 15: Self Marketing

15회기 프로그램은 그녀 자신의 사진들을 활용하여 콜라주 작업을 하고 자신의 강점을 함축적인 문장으로 표현해 보는 미술과 문학의 통합적 활동이며, 이는 자기교시훈련(SIT)에 해당된다. 그녀 스스로 마음에 드는 자신의 사진들을 선택하여 두터운 보드위에 콜라주 기법으로 사진보드를 제작하는 작업을 통해 자신의 외모에 대한 객관적 시선의 재평가를 유도하여 긍정적 자기상의 신념을 확립하고, 보드를 집 안에 장식해 놓고 자주 바라보며 그러한 자신을 오래 기억하게 하여 자기상에 대한 부정적 평가를 교정하는데 도움이 되도록 구성되었다.

이는 그녀가 과거 어린 시절부터 고정된 자신의 외모에 대한 부정적 신념을 가지고 있으며, 이로 인해 일상생활에서 자신감이 많이 부족하고 나아가 자존감에도 큰 영향을 미치는 중요한 삶의 요소로 자리하고 있었기 때문이다. 사진보드는 그녀 스스로 새롭게 이야기를 구성했던 경험을 지속적으로 기억하고 재확인할 수 있는 도구가 될 수 있으며, 이와 연결되어 자신의 장점을 부각시키는 자기 브랜딩으로서 자신의 개성을 광고하는 '자기정의'의 의미를 가지는 광고 문구를 만들어 보는 활동을 함께 실시하였다.

통합예술치료를 다루는 치료사로서 해야 할 중요한 일은 미술재료를 포용하는 데 있어 좀 더 창의적이고 판단적인 요소가 적은 방식을 독려하는 것이다. 미술활동은 그림 그리기 활동을 비롯하여 다양한 삼차원적 재료에 초점을 둘 필요가 있는데, 이는 잠재적으로 시각예술 매체가 광범위함과 가능성이라는 범위를 가지고 있기 때문이다. 특히 콜라주는 시각예술에서 한 사람의 특정한 관심에 대해 최대한 수용력을 발휘하도록 도움을 주기에 자신의 모습에 대한 새로운 인식에 도움을 줄 수 있는 활동이라고 할 수 있다.

콜라주는 내담자 자신의 모습을 사진이라는 하나의 이미지로 작업하여 가장 개인적이면서도 개인의 깊은 정서적 경험과 관련되는 매체를 사용하도록 해준다. 이는 다른 사람들과의 추억이나 소망과도 관련되는 매체로서 사진과의 창의적인 상호작용에 초점을 둔 활동이며, 개인적으로 중요한 장소와 사물의 사진을 활용하여 심리적, 예술적 경험의 중요성을 기반으로 한다. 개인적인 역사가 담긴 사진들이 한 개인의 삶 속에서 상실과 행복, 그리고 의미 있는 순간에 대한 감정과 기억을 불러일으킬 수 있으며, 이와 연결된 글쓰기 활동은 사진을 통해 자신을 표현할 수 있는 예술치료 활동에서 무척 효과적인 방법이다.

또한 자신의 사진으로 콜라주를 하는 작업의 과정에서는 자신이 좋아하는 이미지를 스스로 선택하게 하고 그것을 이야기로 표현을 하게 함으로써, 선택의 다중성을 제공할 수 있다. 결국 자신이 진정 누구인가를 생각하여 반영하는 이미지들을 찾을 수 있는 중요한 작업이 될 수 있기에 자신이 가진 다양성을 새롭게 느낄 수 있도록 도울 수 있다. 또한 사진이라는 매체의 특성은 내가 지금 바라보고 있는 것이 실존적으로 존재했음을 증언하는 것이므로 대부분의 사람들은 사진이 진실을 보여준다고 생각하고 그렇게 믿는다. 사진은 그림과는 또 다른 차원에서 자신의 내면성을 마주하게 되고 개인의 상상력을 바탕으로 자신만의 세계를 즐거운 방식으로 만들어 낼 수 있는 것이다.

그녀가 자신의 외적인 모습에 대해 늘 부정적인 관점을 가져온 바, 사진 콜라주 작업을 통해 현재 보고 느껴지는 시각적 경험으로 자신에 대한 신념을 재구성함으로써, 사진의 기록이 자신의 삶 속에서 불안경험의 기억과 만나는 지점을 확인하는 시간이 될 수 있도록 하였다. 자신의 삶을 기록한 사진을 보며 지나간 시간들을 되돌아보고 많은 상황들이 전체적 주제에 초점을 두고 매 순간에 대한 경험을 이야기하는 과정에서 새로운 의미를 발견할 수 있었다. 이와 같이 삶의 한 조각조각의 은유로서 콜라주는 대단히 매력적인 방법이며, 사진을 통해 과거가 현재를 만날 때 질적 변화가 발생하고 소중한 추억이 가진 시간의 흐름에 따라 내러티브가 구성될 수 있기에 과거 기억들을 재구성할 수 있는 기회가 될 수 있다.

session 16: 불안의 전경화 2

16회기의 프로그램은 9회기 프로그램 '불안의 전경화 1'의 재현 활동으로서, 그 때의 작품을 보면서 회기가 많이 진행된 지금 시점의 변화된 관점으로 재도전해 보는 활동이다. 과거의 상황과 비교하여 현재 어떻게 변화되었는지를 확인하기 위해 '지금의 나라면 그 때 어땠을까? 어떻게 생각하고 어떻게 대처했을까?'라는 질문을 스스로에게 던지며 다시 생각해 보도록 하는 것이다. '불안의 전경화 1'의 작품을 다시 보면서 다시 생각하고 이야기를 재구성한 후, '불안의 전경화 2'를 현재부터 미래까지 시기별로 구분하여 자신과 중요한 인물과의 관계를 중심으로 자신의 삶을 새롭게 설계해 볼 수 있다. 이처럼 과거의 경험을 다시 확인하며 지금의 변화된 관점으로 다시 이야기하고 자신의 변화된 인지를 확인하는 과정의 경험을 통해, 자기강화를 이끌고 관계를 통한 불안에 대처하는 기술을 인지하고 습득할 수 있다. 이는 자신과 관계를 이루는 대상에 대한 긍정적 재해석을 가능하게 하고 스스로 성장하는 효과를 기대할 수 있다.

치료자는 그녀에게 시간 흐름의 맥락에서 시기별로 구분하여 구성해 보기를 제안하였고, 그녀는 현재의 나이부터 미래의 나이까지 40, 50, 60, 70, 80의 나이까지 다섯 가지로 구분하여 작업하였다. 나이에 따라 자신이 처할 수 있는 불안의 감정과 관계의 양상, 그리고 자신이 희망하는 삶의 모습을 표현하도록 제안하였으며, 시기별로 선택하고 싶은 색

깔의 도화지를 선택하고 그림으로 표현하도록 했다. 그림을 그린 후에는 시기별로 나누어 그림에 대한 설명을 통해 자신이 새롭게 구성한 삶의 계획을 이야기하도록 하였으며, 시기별로 변화된 사고와 불안에 대한 대처방안의 내용을 중심으로 자신의 생각을 명료한 문장으로 한 문장씩 작문하는 과정으로 연결하였다.

따라서 본 프로그램은 미술과 문학 두 가지 영역의 통합적 활동으로서, 미술을 통해 표현한 자신의 생각을 분명히 인지하도록 하기 위해 글쓰기 과정을 통합하였다. 지난 9회기에서 그려 보았던 그림을 16회기의 시점에서 다시 확인하는 것은 자신의 변화된 인지와 행동을 확인하여 긍정적 변화를 지속적으로 유지할 수 있도록 돕고 계속해서 용기를 갖도록 하기 위한 것이다. 비슷한 맥락에서 사전과 사후의 개념으로 다시 재경험하는 활동은 치료가 끝난 후에도 그녀 스스로 훈습하고 스스로 조절할 수 있는 방법을 확고히 하기 위한 것이 될 수 있다.

이와 같이 내담자가 미술작업을 통해 자신의 인생에 관해 시기별로 나누어 표현하고 상황에 대해 자유롭게 기록해 보는 활동은 내담자가 긍정적으로 변화된 부분과 부정적으로 변화된 부분에 대해 모두 알아볼 수 있다. 이 과정에서 내담자는 현재 자신의 대처방법에 대해 시각적으로 표현했기 때문에 내담자 스스로 인지적 변화를 시각화하고 현재의 스트레스 요인에 대처할 수 있게 된다. 따라서 본 회기에서는 그녀가 가진 문제로서의 불안을 주제로 특정 시기마다 어떤 대처방식을 취해 왔으며 어떤 방식으로 스스로 인지하고 있는지 확인하여 새로운 계획을 다짐해 볼 수 있도록 하였다.

session 16 - 불안의 전경화 2

4) 종결단계

마지막 종결단계에서는 그녀가 일상생활에서 불안이 반복적으로 유발되었던 특정한 상황에 노출되도록 스스로 도전하여, 교정된 사고와 변화된 행동을 스스로 확인하고 반복적인 훈련을 통해 계속해서 유지해 나갈 수 있도록 노력하는 훈습의 과정으로서 '교정된 인지 및 행동 유지'를 목표로 설정하였다.

session 17: 불안의 패턴

17회기의 프로그램은 내담자가 과거에 불안을 느꼈던 주 대상들과의 관계에서 일어났던 패턴적인 상황들을 역할연기를 통해 재현해 보고, 합리적인 반응으로서의 대처연습 및 훈련을 하기 위한 활동으로서 불안관리훈련(AMT)에 해당한다. 내담자 스스로의 생각에 근거하여 과거에 불안을 느끼게 했던 특정한 불안상황에 대한 불안의 정도를 낮은 단계, 중간 단계, 높은 단계로 나눈 후, 낮은 단계에서부터 시작해서 높은 단계의 순으로 역할극을 통해 재현해 보는 것이다.

이 활동을 통해 한 가지 부정적인 실패의 연속적 패턴으로 간주하는 과잉일반화 양상을 찾을 수 있으며, 내담자가 힘들어 하는 불안에 초점을 두고 불안을 발현하도록 만드는 여러 상황들을 불안의 수준에 따라 단계별로 나누고, 가장 낮은 단계부터 가장 높은 단계까지 내담자 스스로 정서를 집중하여 재경험해 볼 수 있다. 이는 인지행동치료에서 내담자가 어려움을 가지고 있는 대상이나 상황을 회피하지 않고 직접 도전하여 현실적인 사고로 변화시키기 위해 활용하는 상상노출의 형식 안에서 점진적 노출기법을 활용한 것이다.

이 작업에서 치료자는 불안을 느끼게 했던 주 대상들의 역할을 맡았고 그녀는 자신의 역할을 맡아 연기를 시도해 보았다. 치료자는 그 동안 회기를 진행하며 그녀가 느끼는 대상자들의 특성과 성향, 그리고 반복되는 상황의 양상에 대하여 충분히 이야기를 들은 후이기에 치료자가 특정 대상들의 성향과 특성과 근접하게 상상을 통해 역할연기를 하는 것이 가능하였다. 이러한 역할극을 통해 내담자가 패턴적으로 반복되었던 특정한 상황에서 자기의 목소리를 낼 수 있는 연습과 관계에서의 건강한 상호전략들의 훈련을 시도하고, 상황과 대상에 대한 부정적 사고와 스키마의 변화에 도전하도록 이끄는 효과를 얻을 수 있다.

인지치료 이론에 따르면 모든 신념은 경험으로부터 발전된 가정의 도식(Schema)이나 패턴으로 체계화되고, 모든 정보는 그 도식을 통해 처리되는데 이 과정을 통해 새로운 경험에 대한 생각이나 그에 대한 개인의 반응이 결정된다. 특정 전략을 이용해서 내담자의 능력을 최대화시켜야 하는데 이는 예술을 도구로 사용할 때 더욱 효과적이며, 이러한 임상적 예술과 임상적 과학을 혼합하려면 지식, 기술, 민감성, 직관, 인지적 유연성과 함께 치료자가 이 모두를 같이 고려하여 융합할 수 있는 능력이 요구된다. 이처럼 새로운 대처능력을 발휘할 수 있는 상황을 상상하고 그로부터 발현되는 불안을 상상하여 역할극을 시도하고, 역할연기를 통해 과거 자신의 대처반응과 비교하여 어떤 변화가 있는지 내담자 스스로 이야기하도록 한 후, 자신의 합리적인 반응에 대해 확실한 인지과정을 이루기 위해 정리해서 다시 이야기하는 과정을 반복한다. 이는 내러티브 연구에서 경험을 이야기하고 다시 이야기하는 과정을 통해 새로운 의미를 발견할 수 있는 과정과 연결되어 보다 구체적이고 풍부한 내러티브를 기대할 수 있다. 이와 같이 그녀가 역할극을 통해 자신의 경험을 재경험하고 그 경험을 다시 이야기하는 과정이 무척 중요하다. 이야기를 반복하는 과정에서 그녀는 그 동안 생각하지 못했던 새로운 관점으로 모든 상황을 바라보는 변화가 있었으며 이야기하는 도중에 "지금 갑자기 깨닫게 되었다"라고 말하는 일이 자주 있어, 인지행동 통합예술치료를 통해 내담자가 가진 고정된 사고를 벗어나 새로운 의미를 발견하는 계기가 될 수 있었음을 알 수 있었다.

역할극을 시도한 후에는 상황카드 대처연습을 통해 불안을 주로 느꼈던 특정한 상황들을 상징적 이미지, 또는 작은 그림을 그린 종이카드로 만들어 상황에 따라 다른 카드로 표현해 보도록 하였다. 내담자에게 반복적으로 일어났던 상황들을 시각적으로 나타낼 수 있도록 개별적으로 카드를 만들고, 각 카드의 상황들에 대한 합리적인 자신의 반응과 대처방법을 다시 새로운 카드에 그려보는 것이다. 한 상황에 대하여 두 개의 카드가 만들어지며 대처반응을 표현한 카드에는 수정된 자신의 대안적 사고와 신념을 바탕으로 그려지도록 했으며, 카드가 모두 완성되면 시각적 이미지로 표현한 과정과 그 이미지에 대한 이야기를 다시 재구성하도록 하였다.

본 회기의 프로그램은 연극과 미술의 통합적 활동이며, 인지적 재구성의 활용과 인지적 예행연습 및 훈련, 그리고 대안적 사고 및 행동 강화에 목표로 두었다. 반복적으로 체계화된 신념을 대상과 상황에 따라 구분하여 명료하게 인지하기 위해 미술의 영역에서 상징적 이미지로 표현해 보는 것은 여러 상황에 관한 자신의 신념을 이야기로 시작하는 것 보다 심리적 부담이 적게 시작할 수 있으므로, 내면에 깊게 자리한 개인적 신념의 표현이 보다 수월하게 이루어질 수 있다.

session 17- 불안의 패턴

session 18: Song Writing

18회기 프로그램은 노래를 감상하고 치료자와 내담자가 함께 노래를 불러본 후, 내담가 그 멜로디에 가사를 개조해 보는 'Song Writing' 활동으로서, 음악치료에서 자주 활용되는 기법이며 음악과 문학의 통합적 활동이다. 치료자가 선택한 노래는 미국의 유명한 여가수 Christina Aguilera의 노래 'Beautiful'이며, 멜로디가 처음 들어도 누구나 어렵지 않게 따라 부르기 좋은 노래이다. 치료자는 치료의 종결단계의 목표와 그 당시 그녀의 상황과 인지적 확대의 가능성 정도를 염두 하여 적합한 가사가 있는 노래를 조사하는 과정에서 White가 제안한 프로그램을 발견하게 되었고, 그 프로그램에서 제안한 노래가사의 의미를 살펴보게 되었다. 이는 자기교시훈련(SIT)에 해당하는 활동으로서 그녀 자신에 대한 긍정적 사고와 표현을 확인해 볼 수 있다.

Christina Aguilera는 어린 시절 정서적 외상을 입었었고 Linda Ferry가 작사, 작곡한 이 곡을 녹음하게 되었는데, 이 노래를 선택하게 된 이유는 자신의 고통을 극복하기 위해서였다. 이에 치료자는 활동을 시작하기 전에 내담자에게 이러한 가수의 개인적 경험 및 삶의 흐름을 설명해 주어 그녀로부터 한 여가수의 삶과 시련을 극복하는 이야기에 대하여 공감을 얻을 수 있도록 하였다. 노래 가사의 핵심주제는 "나와 너, 우리는 모두 아름다운 존재이다"이며 가사가 적힌 종이를 준비하여 가사에 집중하며 감상하고 불러보는 과정에서 그녀가 자신의 정서에 집중할 수 있도록 하였다.

그녀는 노래가사 중 자신이 원하는 부분을 개사하여 자신만의 가사로 바꾸어 보는 것을 시도하였고, 가사는 자기 긍정의 언어로 구상하도록 하였다. 개사를 마치면 노래는 나오지 않고 반주만 나오는 음악을 들으며 내담자 스스로 만든 가사로 노래를 불러 보도록 하였다. 이와 같이 음악과 관련된 글쓰기는 자신을 표현할 수 있는 안전한 방법이고 감정을 표출하는 과정이기에, 내담자로 하여금 개인적 통찰력과 어떤 상황을 생각할 때 보다 긍정적인 관점으로 제시할 수 있는 방법을 알게 해준다. 음악과 관련된 글쓰기는 선택한 곡과 관련 있는 생각과 감정들에 대해 기록하게 하면서 자신에 대한 부정적 감정과 정서에 대한 재구성을 통해 개인적 힘을 갖도록 도모할 수 있다.

음악치료에서 노래 자료를 이용하는 활동을 실시할 때 노래를 통해 내담자는 자신의 감정을 탐구할 수 있으며, 노래는 기쁨이나 슬픔이라는 감정의 가장 깊숙한 내면을 드러내도록 돕고 희망과 좌절, 또는 불안과 승리의 순간들을 표현해 준다. 노래의 가사는 구체적으로 자기를 표현하도록 함으로써 현재 자신이 처한 상황과 문제들을 노래 안에서 동일시하게 해 주고, 자신의 현재 상태에 관련된 감정을 느끼고 표현하며 이해하도록 도와준다.

이처럼 노래는 내담자에게 심리적으로 부담을 주지 않으면서 스스로의 내면을 살펴볼 수 있도록 도울 수 있는 도구가 될 수 있으며, 자신에 대한 이해를 통해 내재된 문제들을 비위협적으로 다룸으로써 내담자가 자신의 문제에 대해 통찰하고 긍정적인 자아상을 만들어 가도록 돕는다. 또한 언어는 인지적인 사고와 관련이 있으며 음악은 정서적인 감정과 관련이 있는 바, 가사가 있는 노래를 통해 언어적인 표현을 하며 억압된 감정을 의식의 표면에 떠올려 표출시키는 과정에서 감정의 정화를 경험하게 되고 언어작업을 통해 인지적 측면에서 재구성하는 계기가 될 수 있다.

음악치료의 다양한 기법 중에서 'Song Writing' 활동은 노래를 만드는 작업으로서, 기존의 곡에 부분적으로 또는 전체적으로 직접 가사를 바꾸는 활동이거나 새로운 노래를 만드는 활동이다. 이 활동방법은 가사와 관련된 주제들에 대해 대화를 나누는 과정을 통해 내면적 성찰을 이룰 수 있으며, 이야기의 과정은 자신의 감정과 느낌을 구체적으로 규명하고 창조적인 문제 해결방법을 새롭게 발견하도록 도울 수 있다. Robert는 노래의 특성에 관해 인간 존재의 가장 깊은 내면으로부터 나오는 창조물이며, 노래는 모든 사람들에게 내재되어 있는 것으로 생활을 그대로 반영하게 되는 것이라고 하였다.

또한 타인과 함께 노래를 불러보는 경험은 의사소통의 한 수단이 되어 관계형성에 도움을 줄 수 있으며, 긴장이완과 자기표현을 통해 감정을 자유롭게 분출하도록 하여 불안을 감소시킨다고 하였다. 노래에서 가장 중요한 것은 노랫말에 대한 분석이며, 노랫말 속의 상징, 은유, 비유 등을 통해 내담자가 표현하는 것들은 자신이 인식하지 못하였거나 회피하였던 감정과 생각들의 수용과 표현으로 나타난다. 특히 자신의 삶의 경험을 통해 만들어진 노랫말은 내담자 스스로 성취감과 함께 자존감을 향상시키는데 도움을 주어 치료의 종결단계에서 미래에 대한 긍정적이고 희망적인 용기와 긍정적인 관점을 고취하도록 도울 수 있다.

따라서 본 프로그램의 목표는 과거에 자신의 높은 불안으로 인해 가졌던, 여러 가지 부정적 신념과 불안한 정서에 대한 재구성을 이루어 글로 정리해 보며 향후의 부정적 영향에 대한 건강한 방어기제를 확립하도록 돕는데 있다. 치료자와 내담자가 함께 노래를 감상하고 불러본 후,

노래 가사를 내담자 자신의 이야기로 변경하는 과정은 보다 풍부한 은유를 사용할 수 있으며, 이는 내러티브 연구에서 내러티브를 구성함에 있어 더욱 창조적인 의미를 발견할 수 있는 단초가 될 수 있다.

session 19: 10초 명상

19회기 프로그램은 현재 소망하는 일들이나 성취하고 싶은 것들을 그 동안의 치료에 의해 변화된 생각에 기반을 둔 문장으로 구성해 본 후, 내담자 스스로 자신에게 항상 주문하고 싶은 문장으로 다시 정리하는 방식으로 내담자가 원하는 만큼 최대한 많은 문장을 작성해 보고, 10초 명상과 더불어 그 주문들을 일정한 호흡과 타이밍에 맞추어 연습해 보는 활동이다. 이는 자기교시훈련(SIT)에 해당하는 활동으로서 내담자가 최근에 생활하며 자기 자신에게 하고 싶은 말이나 소망하는 말을 내용에 따라 각각의 문장으로 나누어 종이에 적어본 후, 10초 명상을 하며 그 문장들에 집중해 보도록 하였다. 문장의 내용은 "나는 ~을 실천하고 있다. 나는 과거의 ~으로부터 자유롭다. 나는 ~한 내 재능을 믿는다. 나는 ~로부터 사랑받고 있다"와 같이 구성될 수 있다.

따라서 '10초 명상'은 10초 동안 한 가지 생각에 집중하고 마음과 감정을 차분하게 조절하여 긍정적인 사고에 집중하는 것을 목표로 한다. 활동의 방법은 바른 자세로 편안하게 앉아서 5초간 숨을 들이마시고 5초간 숨을 내뱉는 행동을 반복하는데, 최대한 길고 깊은 심호흡을 충분히 연습한 후 호흡에 주문내용을 삽입하여 숨을 들이마시면서 생각의 반(예: 나는 과거에서)을 조용히 생각하고, 숨을 내뱉으면서 생각의 나머지 반(예: 자유롭다)을 생각한다. 그녀는 한 가지 주문을 5회씩 반복하며 명상을 한 후, 명상 후의 느낌에 대해 치료자와 함께 이야기를 나누었고 10초 명상을 일상에서 스스로 자주 활용하여 지속적으로 실행할 것을 약속하였다.

명상은 두렵고 불안한 감정의 상태를 이완과 완화의 반응으로 변화시키는 데 이용되어 왔으며, 이완은 현실적이고 성숙된 지각적 추론과 해석들을 하기 위한 광범위한 감각 데이터에 개방되도록 도울 수 있다. 명상을 통한 자기중재 전략의 강점은 비치료적 환경으로 효과적으로 옮겨질 수 있다는 것에 있기에, 불안으로 인한 긴장과 감정의 일시적 변동에 대처하는데 유용한 개인의 자체적 도구로 사용하면서 어떤 상황에서도 이완을 도울 수 있다. 따라서 내담자의 순간적인 불안의 증상에 대한 자기통제 능력의 방법으로 활용될 수 있으며, 감정과 감각의 통합을 이루어 심리적 안정과 합리적 사고를 유도하고 어떤 상황에서도 즉각적으로 활용하여 자신의 불안을 완화시키는 실용적인 도구가 될 수 있다.

다양한 불안장애의 하위범주에 대하여 인지행동치료에 기반을 둔 명상 프로그램을 적용한 다른 사례들의 결과는 불안의 감정에 유의미한 영향을 준 것으로 알 수 있으며, 명상기법은 인지행동치료의 마음챙김 치료와 더불어 다양한 명상의 기법으로 활용되고 있다. 이 방법은 특별한 재료가 없이 즉각적으로 활용할 수 있어 내담자가 치료를 마친 후에도 일상생활에서 스스로 불안이 강해지는 상황에서 스스로 즉각적으로 활용하여 불안을 다루는 하나의 방법으로 적용할 수 있다.

session 20: 생일파티

20회기 프로그램은 본 치료의 마지막 회기로서 그녀의 가족들과 함께 인지행동 통합예술치료를 통한 내담자의 긍정적인 변화를 축하해 주고 미래를 응원해 주며 함께 이야기를 나누는 축하파티의 자리로 마련하였다. 프로그램이 진행되는 동안 가족들은 그녀를 관찰하고 변화의 양상을 인식하고 있었던 가장 가까운 관계를 가진 사람들이며, 특히 그녀의 남편은 그녀의 불안에 관련된 중요한 대상이므로 함께 과거의 경험을 회상해 보며 미래를 계획하고 희망을 다져보는 계기가 될 수 있었다.

축하파티 전에 치료자는 가족들에게 가족 인터뷰에 대한 이야기와 그녀를 축하해 주기 위한 작은 선물과 편지를 작성해 줄 것을 그녀 몰래 연락을 취해서 요청하였다. 치료자는 그녀가 20회기의 인지행동 통합예술치료 프로그램을 진행하는 동안 많은 변화가 일어났으며, 가족과의 관계도 개선되었고 내담자 스스로 자신은 새롭게 태어나 "마지막 회기가 나의 진짜 생일날"이라고 말했기 때문에, 그러한 긍정적 자기개념의 확인과 미래에 대한 희망을 품고 다짐하기 위한 시간이 꼭 필요하다고 생각했다.

이 프로그램은 내담자가 가족들과의 의사소통의 기회를 제공하여 서로 협력하고 상호작용을 할 수 있도록 도울 수 있으며, 이는 곧 인지행동치료적 접근으로 연결될 수 있다. 치료자에 의해 시연된 제한된 행동과 다른 가족구성원들과의 사회적 상호작용에 대한 관찰을 통해 사회적 학습을 촉진하고, 이러한 경험은 내담자가 관계에서의 새로운 상호작용과 행동에 대한 개념적 행동지침을 익히는 계기가 될 수 있다. 이처럼 가족과 함께 내담자의 문제를 다루어 보는 일은 가족관계를 증진하도록 돕는 효과까지 기대할 수 있고, 치료를 마친 후에는 가족들의 지지와 도움이 지속적으로 요구되기에 마지막 활동으로서 적절하며 내담자와 가족간에 의미 있는 경험을 할 수 있도록 도울 수 있다.

그녀는 프로그램의 전개단계 후반부터 치료 전과는 다른 변화된 모습으로 불안에 대한 대처능력을 보여주었으며, 스스로 "새롭게 행복을 찾은 새 인생을 살고 있다"라고 여러 번 이야기 하였다. 자신은 새로 태어났기 때문에 "나의 진짜 생일은 프로그램의 마지막 날인 바로 오늘"이라고 말한 내담자의 중요한 언어적 표현에 따라 이러한 축하파티의 활동이 적절하다고 할 수 있다. 그녀는 치료자에게도 감사의 표시로 선물을 주었으며, 치료자 또한 그녀에게 축하 선물과 카드를 건네주었고 가족들도 모두 각자 선물과 편지를 준비하여 그동안 다하지 못했던 이야기를 나누었다. 그리고 그녀가 그 동안 완성한 여러 미술작품들을 함께 감상하며 가족들에게 작품에 관해 직접 설명해주는 시간도 갖도록 하였다. 마지막 회기는 그녀와 가족들에게 무척 진솔하고 각별히 애틋한 시간을 만들어 주었고 모두 함께 기쁨의 눈물을 흘린 감동적인 시간을 제공해 주었다.

chapter

07

애벌레의 불안 이야기 Ⅱ

내러티브 사고에서 시간성은 핵심적 특징이며, 특정한 일을 시간의 맥락에 놓는 것이 그 일에 대해 생각하는 방식이다.
어떤 사건은 개인에게 시간의 맥락에 따라 다른 의미를 가지며 다르게 활용될 수 있기 때문이다. 내러티브 분석을 위한 첫 번째 차원은 '과거·현재·미래'로서, 이는 내러티브 연구에서 중심적 개념인 시간성 또는 계속성의 의미를 가진다.

본장에서는 앞에서 코딩과정의 분석으로 다루었던 '애벌레의 불안 이야기 1'을 바탕으로 '불안 경험의 새로운 이야기'를 다루고자 한다. 이는 그녀의 불안 경험에 관한 내러티브를 치료자의 공간으로 가져와 치료자의 성찰에 의해 재구성하여 새로운 내러티브를 구성하는 단계이다. 이 과정은 그녀의 내러티브를 분석하고 범주화시키는 코딩의 과정에서 새롭게 발견한 범주들 간의 연결점을 찾아 그녀의 불안 경험의 새로운 이야기를 구성하는 장으로서, 치료자가 지속적으로 치료자 스스로와 그녀로부터 도출된 많은 자료들에게 질문하고 고민하며 창의적으로 자료를 재배열하는 과정이다.

이에 본장에서는 불안장애를 가진 그녀가 인지행동 통합예술치료의 과정에서 어떠한 인지적 변화를 가지게 되었는가에 관한 핵심적 내용을 내러티브 연구방법으로 재구성하고자 한다. 그 과정에서 내러티브의 구성은 '과거·현재·미래', '관계유형', '공간'의 세 가지 구조로 설정하였다. 이는 내러티브 연구방법의 중심적 맥락으로서 '시간성', '상호작용', '장소'의 세 가지의 맥락에서 구성된 분석틀이다. 이는 안과 밖의 구체적이고 물리적인 영역을 검토함으로써 개인적이고 사회적인 쟁점을 다루고, 사건뿐만 아니라 그것의 과거와 미래를 검토함으로써 시간에 따른 쟁점을 다루는 것이다.

그녀의 불안경험은 물리적 공간, 즉 장소와 환경이라는 차원의 맥락 안에서 특정한 관계유형에서의 불안의 양상을 나타내었다. 이에 공간의 맥락은 그녀의 경우, 가정과 회사의 두 공간이 대부분의 생활이 이루어지는 장소이므로 가정과 회사의 두 공간에서 이루어진 내러티브를 재구성함으로써 장소에 따른 쟁점을 다루고자 한다. 또한 시간과 공간의 맥락에서 특정한 관계유형을 통해 불안이 발현되었기에, 관계의 특정유형에서 이루어지는 상호전략들의 변화를 중심으로 논의 하고자 한다.

이러한 내러티브 연구 분석의 중심적 맥락은 앞에서 다루었던 코딩의 분석틀인 패러다임으로서 '조건', '현상', '작용/상호작용 전략', '결과'의 구조가 다루고 있는 내용과 연결되어 그 관계유형을 보다 체계화시킬 수 있다. 따라서 내러티브 재구성의 분석틀이 될 세 가지의 기본적 틀은 다음의 표와 같다.

본 치료의 과정에서 내러티브를 재구성하기 위한 분석의 기본적 구조

코딩의 분석틀	내러티브 연구 방법의 중심적 맥락	내러티브가 재구성되는 본 연구의 분석틀	분석 및 재구성된 불안경험의 내용
-조건 -현상 -작용/ 상호작용전략 -결과	시간성	과거 현재 미래	- 나도 아름다운 여자 - 나에 대한 새로운 발견 - 불안과 함께하기
	상호작용	관계유형	- 아기 아버지 - 그리운 엄마 - 나 혼자만의 착각
	장소	공간	- 한 테두리 속에 함께 있는 우리 - 내 꿈을 펼칠 곳

1. 과거·현재·미래

내러티브 사고에서 시간성은 핵심적 특징이며, 특정한 일을 시간의 맥락에 놓는 것이 그 일에 대해 생각하는 방식이다. 어떤 사건은 개인에게 시간의 맥락에 따라 다른 의미를 가지며 다르게 활용될 수 있기 때문이다. 내러티브 분석을 위한 첫 번째 차원은 '과거·현재·미래'로서, 이는 내러티브 연구에서 중심적 개념인 시간성 또는 계속성의 의미를 가진다. 이 차원은 그녀가 시간에 따라 어떻게 다른 맥락에서 불안을 경험하고 있는가를 분석하는 시간적 맥락의 구조이다. 따라서 인지행동 통합 예술치료를 통해 그녀가 과거에 경험했던 불안과 관련된 핵심적인 사건들에 대하여, 과거·현재·미래의 시간적 위치에 따라 그 사건들에 대한 인지적 변화가 어떻게 이루어졌는가를 나타내고자 한다.

1) 나도 아름다운 여자

그녀는 어린 시절부터 부모님으로부터 자신의 외모에 관하여 지속적으로 부정적인 평가를 들어왔다. 이는 그녀로 하여금 낮은 자존감뿐 아니라 타인의 눈에 비추는 가시적인 것에 대한 높은 가치와 중요성의 개념을 가지도록 하였으며, 타인과의 관계에서 사회불안의 증상을 가지도록 하였다. 이는 그녀에게 자신의 외모에 대한 역기능적 스키마를 생성하고 수치심을 가지도록 하여 타인과의 관계에서 불안을 느끼는 악순환을 경험하도록 하였다. 그녀에게는 사람들이 '나의 외모 때문에 나를 좋아하지 않을 것'이라고 추론해 버리는 임의적 추론이 자리하고 있었으며, 상황은 과장해서 해석하고 자신은 축소하여 바라보는 경향이 반복적으로 나타났다.

이에 인지행동 통합예술치료 프로그램을 통해 부모님의 삶에 대한 이해를 바탕으로 자신의 외모에 대한 객관적 관점의 인식과 타인의 칭찬을 믿고 수용하는 연습, 그리고 자신의 외모에서 장점을 찾아 부각시키도록 하는 것에 초점을 두었다. 특히 부모님의 삶을 살펴보고 이야기하는 과정에서 부모님의 어렵고 힘들었던 성장과정과 칭찬과 인정을 받지 못한 외모에 대한 열등감이 자리했음을 발견하게 되었고, 그러한 본질적 요인으로 인해 부모님이 자신에게 외모에 대한 비판적이고 부정적인 인식을 심어주게 된 것을 깨닫게 되었다. 이러한 과정에서 그녀는 오랫동안 가져온 부모님에 대한 원망과 서운함을 해결하는 계기가 되었으며, 왜 자신에게 그렇게 밖에 할 수 없었는가에 대한 근본적 문제에 대한 이해가 가능하였다.

또한 그녀는 치료의 과정에서 부모님이나 남편과 관련된 잃어버렸던 기억들을 떠올리기 시작했으며, 치료의 초기에는 긍정적인 기억이 없다고 말했지만 여러 회기에 걸쳐 이야기해 나가는 과정에서 문득문득 떠오르는 사건들이 있었고, 과거에는 그러한 긍정적 사건들이 깊게 자리하고 있는 부정적 스키마에 가려져 기억해내지 못했음을 깨닫게 되었다. 부모님이 외모에 관하여 칭찬해 주고 인정해 주었던 기억과 남편이 자신의 외모에 대하여 긍정적 평가를 해 주었던 일들은 망각되어 왔으나 치료를 통한 현재의 시점에서 떠올린 기억과 함께 새로운 인지적 재구성이 이루어지게 되었다.

과거 : "사람들이 나의 외모에 대한 부정적인 판단을 할까봐 불안이 생기는 것 같아요. 사람들이 속으로 '왜 저래?'라는 생각을 할까봐 엄청 불안하고 신경 쓰이고 그래요"*(session 1- 심층면담 1).*

현재 : "친구들이 날 보고 몸도 탄탄해지고 좋아 보이고, 무엇보다 표정과 얼굴빛이 너무 좋아졌다며 좋은 일이 있냐고 물었다. 내 패션 스타일도 너무 멋지다고 칭찬 받았다"*(2015년 9월 12일 - 일기장).*

미래 : "70대의 내 모습을 그린 게 제일 마음에 들어요. 나는 내 인생에서 70대가 오면 가장 아름다운 모습일 것 같아요. 모든 면에서 내 인생의 하이라이트가 될 것 같거든요. 이 사람 웃는 게 아름답죠? 이렇게 아름다운 미소를 가지려면 지금의 이 마음을 더욱 성숙하게 해야겠어요. 이 사람은 자연 미인인데 되게 아름답지 않아요? 꾸미지 않고 건강하게 내추럴한 아름다움이 느껴져요"*(session 16 - 회기면담).*

외모에 대한 개념은 문화와 시간이라는 사회구조적인 측면에서 고정된 것이 아니고 항상 변화하며, '타인에게 어떻게 보여지는가'의 문제는 개인의 심리사회적 과정에 포함된다. 이에 Cash는 외모에 대한 개념은 객관적 사실보다 개인 내부의 주관적 경험이 더 큰 영향력을 가지며, 이는 개인, 문화, 역사 등의 다양한 요인에 의해 형성되지만 시간에 따라 변화가 가능하다고 보았다.

그녀는 자신이 경험한 불안의 요인을 찾는 과정을 통해 자신을 보다 객관적으로 바라보게 되었으며 타인이 좋게 평가해주는 말을 기쁘고 고맙게 수용하며, 자신의 외모에서 장점을 찾아보고 부각시키는 즐거움을 알게 되었다. 또한 미래의 외적인 모습에서 스스로 기대감을 갖게 되어 치료를 진행하는 동안에 그녀가 자신의 외모에 관하여 이야기하는 맥락과 사용하는 용어에 변화를 가져오게 되어, 자신의 외모에 대한 부정적 신념에 관련하여 시간의 맥락에 따라 다른 언어를 사용하였다. 그녀가 자신의 외모에 대한 인지적 변화에 따라 변화된 언어표현의 키워드를 정리하면 아래의 표와 같다.

그녀 자신의 외모에 대한 언어표현의 변화

과거	현재	미래
- 못생기고 뚱뚱해 - 싫어 - 사람들은 거짓말을 해 - 참기 힘들었던 배고픔	- 나는 괜찮아 - 통통해도 좋아 - 사람들이 나를 칭찬해 - 먹고 싶은 건 먹어야지	- 내가 마음에 들어 - 아름다운 미소 - 자연미인 - 건강하고 내추럴 한 미

2) 나에 대한 새로운 발견

그녀는 어린 시절 부모님으로부터 항상 자신의 많은 것들에 대하여 마음에 들어 하지 않으셨다고 했다. 그녀의 기억 속에는 자신의 외모 뿐 아니라 대부분의 모든 면에서 부모님의 부정적 평가를 받으며 성장한 것으로 자리하고 있었다. 이러한 부정적인 기억들은 그녀로 하여금 타인의 시선에 대하여 위축감을 느끼도록 하였고, 타인의 실제 의도와는 상관없이 자신의 생각으로 미리 예측하고 부정적으로 판단하는 양상이 습관적으로 반복되는 자동적 사고로 자리하도록 하였다.

그녀는 치료의 과정에서 과거의 불안경험에 대해 이야기할 때 대부분 부모님과 관련된 일들을 이야기 했으며, 힘들었던 기억들을 회상하며, 부모님이 자기에게 잘못했고, 부모님에게 항상 서운함을 가지고 있으며, 부모님들이 원망스럽다고 하였다. 치료를 통해 인지적 접근의 대화를 나눌 때는 부모님에 대한 이해의 과정에서 부모님은 결국 자신들의 상처 때문에 자기에게 다시 또 상처를 준 것이라는 말도 하였다.

이처럼 과거에는 부모님이 두렵고 무서운 존재로서 불안을 느끼는 대상이었으나 현재의 시간적 위치에서 다시 생각해 보는 부모님은 원망스럽고 딸에게 잘못한 일이 많은 부모님이 되어 있었다. 그러나 부모님의 각자의 삶에 대해 깊이 이해하는 과정을 경험한 후에는 부모님이 자신에게 그럴 수밖에 없었다는 본질적 요인을 이해하고, 자신에 대해 객관적으로 생각해 보는 기회를 가질 수 있었다.

부모님에 대한 부정적인 기억들의 이면에 부모님에 대한 좋은 기억들을 떠올려 보고자, 어린 시절의 여러 상황에서 다각적인 관점으로 이야기를 나누어 보도록 하였다. 그러한 과정에서는 아버지가 칭찬해 주셨던 기억과 자랑스럽게 여기고 계심을 알리셨던 일련의 기억들을 회상해 내었고, 그녀 스스로도 그런 기억을 잃어버리고 살아온 것에 대하여 무척 놀라는 모습을 보였다. 이러한 과정을 통해 부모님과 남편에 대한 이해의 과정을 경험하였으며, 그로부터 왜곡된 인지적 오류들을 바로 잡아가기 시작하였다. 이에 그녀는 그동안 부정적인 세부사항만을 근거로 결론을 내리고 전체맥락에서 중요한 부분을 간과하는 선택적 추상화를 선택했었음을 알 수 있다.

또한 어린 시절 유일하게 인정받았던 공부와 연결되어 성인이 된 후에 뛰어난 언어적 능력이나 일처리 능력 등에 대해 확인하게 되었으며, 아버지로부터 자신의 능력을 인정받는 경험을 하게 되었다. 또한 인지행동 통합예술치료의 프로그램에서 다양한 예술영역의 매체와 활동을 통해 자신이 평소에는 발견하지 못했던 잠재력에 대해서도 새롭게 인식하게 되었다.

그녀는 치료의 초기에는 그림 그리기와 글쓰기 작업에서 자신감이 없는 모습을 보였으나, 회기가 거듭되면서 자신의 그림이 무척 마음에 들고 그림 그리기가 재미있다고 하였다. 특히 글쓰기 작업을 어려워하고 흥미가 없어 보였으나, 치료의 중기부터는 일기 쓰는 것이 재미있고 글을 자주 쓰다 보니 글쓰기 능력이 점점 좋아지는 것 같다고 말하며 자신에게 이러한 예술적 영역에 대한 흥미와 잠재력이 있는지 전혀 몰랐다며 무척 적극적으로 활동하는 모습을 보였다.

이러한 깨달음은 내담자로 하여금 미래의 자신의 모습에 보다 자신감을 가지게 되었으며, 그동안 접하지 못했던 예술영역에서 배우고 싶은 것들과 경험하고 싶은 것들이 생겨나게 되었다. 특히 앞으로 피아노를 배워보고 싶고 글도 계속 써보고 싶다고 말하며 예전에는 상상하지 못했던 소망이 생겨났다고 말했다. 따라서 시간의 맥락에서 미래를 향한 그녀의 자신에 대한 새로운 소망들이 생기게 되어 과거에는 느끼지 못했던 부분에 대한 자신의 능력과 가능성에 대한 인지적 재구성을 이루게 되었다.

과거 : "내가 부모님께 칭찬받을 수 있는 건 내가 공부 잘하는 것 밖에 없었어요. 내가 1등을 해오면 그때가 유일하게 엄마 아빠께 칭찬을 들을 수 있었어요. 그 일이 아니면 나를 칭찬해주고 좋게 말해주는 경우가 전혀 없었어요. 학교에서도 친구들이나 선생님들에게 칭찬받고 나를 부러워하거나 알아주는 일은 오직 1등 했을 때, 그 때 뿐이었으니까요"
(session 9 - 회기면담).

현재 : "이 그림을 보면서 내 안에 에너지가 강하고 많다는 것을 깨달았기 때문에 무슨 일이 닥쳐도 잘 해결할 수 있고 이겨낼 수 있을 것 같아요. 나는 내가 이런 잠재력을 가졌는지 몰랐어요. 나는 핵 중심에 있어요. 딱 분명히 한가운데에 핵 같은 단단한 중심에 있고 그건 하트에요"
(session 11 - 회기면담).

현재 : "내가 평생 글을 써 본적이 없는데 처음엔 사실 억지로 그냥 '오늘 뭐했다. 뭐했다' 이런 일기처럼 쓰다가, 자꾸 쓰다 보니 '내가 뭘 느꼈고 생각했고' 이런 게 들어가는 글로 바뀌게 되었어요. 그렇게 글을 쓰다 보니 평소에도 글을 쓴 대로 내가 생각을 하고 있더라고요. 내 생각이 아름

다워지는 것 같아요. 원초적으로만 생각하고 살다가... 내 평생 이런 생각을 하고 이런 글을 쓰다니... 글로 쓰니 작품이 되더라고요. 내가 예술을 좋아하게 되다니..." *(session 17 - 회기면담)*

미래 : "나는 진짜 건강하고 착한 사업을 크게 하고 싶어요. 회사를 내가 더 크게 키울 거예요. 그러기 위한 여러 가지 계획들이 있어요. 이제는 그 계획에서 다음 단계로 나아가야 할 것 같아요. 그래서 나는 일적으로 꿈꾸는 그런 삶을 펼칠 건데 모든 사람들에게 유익이 되는 그런 사업을 하고 싶어요" *(session 16 - 회기면담).*

그녀는 자신의 능력을 확인하고 잠재력을 발견하는 과정을 통해 자신의 사업적 업무수행에도 보다 자신감을 가지게 되었다. 긍정적인 자아개념을 가진 사람들은 스스로의 가치와 역량을 높게 평가하고 삶에 대한 통제력이 강한 경향이 있다. 이는 개인 역량에 대한 신념의 정도를 말하며, 개인이 가진 잠재력과 인지능력의 상호작용효과로 조절될 수 있다. 따라서 그녀의 긍정적 자아개념은 치료를 통해 불안의 경험을 재해석하고 인지적 오류들을 교정함으로써 잠재력을 발견하는 과정을 통해 강화될 수 있었다.

그녀는 자신의 능력과 잠재력에 대한 부정적 신념에 관련하여 시간의 맥락에 따라 다른 언어를 사용하였고, 그녀가 과거에는 인지하지 못했던 스스로의 다양한 잠재력을 발견하게 되면서 능력과 잠재력에 대한 인지적 변화에 따라 변화된 언어표현의 키워드를 정리하면 아래의 표와 같다.

그녀 자신의 능력과 잠재력에 대한 언어표현의 변화

과거	현재	미래
- 내가 잘하는 건 공부 밖에 없었어 - 공부 외에는 칭찬받고 인정받을 게 없었어	- 나에겐 에너지가 많아 - 글을 자꾸 쓰다 보니 실력이 늘어 작품이 되네 - 내가 글을 쓸 줄 아는 사람인 줄 몰랐어 - 내 생각도 달라지고 넓어진 것 같아 - 예술에는 무능한 줄 알았는데 그렇지 않은 것 같아 신기해	- 잘 이겨낼 수 있어 - 나에겐 꿈이 있고 그렇게 될 수 있어 - 나는 많은 사람들과 함께 나누며 살 수 있어 - 나는 사업적 능력이 있으니 사업도 확장시킬 수 있고 성공할 자신이 있어

3) 불안과 함께하기

그녀는 불안에 관해 자신을 무척 힘들게 만들고 신체적으로도 문제를 일으키는 감정으로 여겨 왔으며, 그 불안으로부터 멀어지고 싶다는 생각을 했었다. 불안장애라는 진단을 받은 사람으로서 불안은 자신의 삶을 방해하는 요소라고 생각하며 지내온 것은 자연스러운 일이다. 그녀는 범불안장애, 사회불안장애, 권위불안 등의 특성을 동시에 가지고 있기에 그녀가 가진 삶 속의 고정관념들이 불안을 발현하는 원인이었기 때문이다. 불안을 극복하려면 새로운 해결방법을 모색해야 하며, 방해가 되는 고정관념을 바꾸어야 한다. 내담자 가지고 왔던 특정한 대상과 상황에 대한 부정적 자동적 사고와 역기능적 스키마는 내담자로 하여금 높은 불안을 가지게 하였다. 그러나 그녀는 치료의 과정에서 불안에 대한 프로그램을 반복하며 불안에 대한 형상과 이미지, 그리고 그것에 대한 자신의 생각을 표현하는 이야기가 변화되어 왔다.

그러한 과정에서 불안은 인간이라면 누구나 가지고 살아갈 수밖에 없는 감정이라는 것을 깨닫게 되었고, 자신이 불안에 어떤 의미를 부여하느냐에 따라 다른 의미가 될 수 있다고 생각하게 되었다. 특히 불안의 정서에 관해 집중적으로 다루던 치료의 과정에서 불안의 형상을 시각적 이미지로 표현하고 자신의 불안을 제3의 객체로 바라보며 편지쓰기를 하는 활동은 그녀가 불안에 대한 관점을 재해석할 수 있는 가능성의 계기를 마련해 주었다.

과거 : "불안은 자신감이 낮아지게 하는 것 같아요. 그리고 내 몸을 계속 아프게 했어요" *(session 1 - 심층면담 1).*

과거 : "너 때문에 난 많이 아팠고 힘들었고 때로는 숨쉬기조차 힘들어 죽으려고 까지 했었지. 너에게 짓눌린 느낌으로 한 발짝 앞으로 나가기가 오래도록 힘들었단다" *(session 7- 편지글).*

현재 : "우린 참 길고도 긴 인연으로 오늘까지 함께 하고 있구나. 요즘 나에게 변화가 생기기 시작했지. 너도 느끼고 있겠지만, 더 이상 넌 나에게 장애물도 공포도 아닌 존재가 되었어. 난 널 이겨냈고 너를 넘어서서 앞으로 한 걸음 한 걸음 나아가고 있어" *(session 7 - 편지글).*

현재 : "이 돌은 그러니까 내 불안은 그냥 두려고 해요. 왜냐면 얘는 더 이상 나에게 어떤 영향을 미치는 존재가 아니라 그냥 하나의 조각품이 되

어 버렸거든요. 그래서 그냥 추억처럼 나의 오랜 친구였으니까 그냥 이렇게 데리고 바라보면서 있는 거죠" *(session 7 - 회기면담).*

현재 : "내가 커져서 아빠를 품으면 되는 거였어요. 내 마음이 이렇게 커지면 아빠가 내 안에 쏙 들어오고 나는 아빠를 품을 수 있는 거죠. 불안을 내가 내 것으로 받아들이듯이 아빠도 그렇게 품어 드리면 되는 거였어요" *(session 17 - 회기면담).*

미래 : "이젠 널 더 이상 두려워하지 않을 거야. 어쩌면 네 덕분에 오늘의 내가 있게 된 건지도 모르겠다. 이젠 널 원망도, 미워도, 두려워하지도 않아. 이젠 이대로 계속 나와 함께 예쁘게 있어줘. 알았지!"
(session 7 - 편지글).

미래 : "불안이 확실히 더 노력하고 앞으로 나아가게 만드는 것 같아요. 예를 들어 내 외모적인 것 때문에 자신감이 없고 사람들을 대할 때 불안했다면 내가 더 열심히 운동을 한다거나 더 예쁘게 가꾼다거나 하면 내가 더 예뻐지고 건강해지니까 좋고, 나를 일적으로 힘들게 하는 사람들이 있다면 내가 더 열심히 일하고 게으르지 말고 그러면 성과가 크게 날 수 있고, 이제는 불안을 이런 식으로 하나의 동력으로 써야죠"
(session 11 - 회기면담).

Freud는 불안에 관하여 좀 더 구체적인 분석을 할 필요성을 설명하며, 개인이 좀 더 나은 통찰을 이루기 위해 불안이 도움이 될 수 있고 삶의 위험들에 대비할 수 있는 요소가 될 수 있다고 하였다. 그녀는 불안은 내가 없애려고 노력하거나 사라지길 기다리는 순간적인 감정이 아니라는 것을 이해하고 수용했다. 불안은 나와 함께 살아가야 하는 것, 우리가 삶을 사는 동안 계속해서 느낄 수밖에 없는 실존적 감정이다. 스스로 마음의 힘을 키워 불안에 끌려 다니지 않고 불안을 두려워하는 마음 없이 자연스럽게 받아들이고 한 걸음 물러서서 바라볼 수 있어야 한다. 그래서 그녀는 불안으로 인해 현재 자신의 위치에 오기까지 안전하게 성공을 이루었을지도 모른다고 생각했다. 이처럼 우리 모두는 어쩔 수 없는 삶의 요소들을 온전히 나의 것으로 이해하고 수용하는 마음의 평안함이 필요하다.

이처럼 인간은 자신의 모습을 있는 그대로 수용할 때 자신을 더욱 사랑할 수 있으며, 그것으로 부터의 부정적인 정서적 문제를 완화시킬 수 있다. 결국 불안을 어떻게 인지하느냐가 불안에 대한 가장 중요한 문제이다.

그녀는 자신이 경험한 불안에 대한 관점에서 시간의 맥락에 따라 다른 언어를 사용하였으며, 그녀 스스로 불안의 본질적 요인을 깨닫고 불안을 수용하며 불안에 대한 인지적 변화가 긍정적으로 이루어졌다. 그녀가 시간의 맥락에 따라 불안에 대해 사용한 언어표현의 키워드를 정리하면 아래의 표와 같다.

시간성에 따른 그녀의 불안에 대한 언어표현의 변화

과거	현재	미래
- 불안은 자신감을 낮추고 몸을 아프게 해 - 불안의 형상은 벌레, 기생충, 똥 같아 - 죽고 싶게 만든 불안 - 나를 짓누르는 불안 - 숨쉬기조차 힘들게 한 불안	- 나와 함께 있구나 - 내가 변하게 해 주었어 -장애물도 공포도 아니야 - 나는 널 이겨내고 있어 - 더 이상 나에게 나쁜 영향을 미치지 않는 것	- 그냥 둘 거야 - 데리고 있으면서 바라볼게 - 두려워하지 않을 대상 - 원동력으로 사용해야지 - 불안은 나의 것

2. 관계유형

1) 아기 아버지

치료자와 그녀는 그녀에게 가장 근원적인 불안과 공포를 심어 준'아버지는 왜 그럴 수밖에 없었을까?'의 문제에 대한 답을 찾기 위한 여정을 함께 가 보기로 했다. 이 여정에서 치료자가 놀랐던 일은 치료자가 미리 염려했던 바와는 달리, 그녀는 아버지의 삶에 대해 무척 구체적으로 인지하고 있었다는 사실이었다. 아버지의 어린 시절 환경과 성장과정, 그리고 어머니와의 결혼 전과 후의 이야기들에 대하여 그녀는 아주 긴 시간동안 풀어가기 시작했다.

아버지는 인정받지 못했던 어린 시절과 칭찬을 받아보지 못했던 성장과정을 경험한 아주 중요한 삶의 이야기들을 가지고 계셨다. 특히 그녀는 치료자가 했던 "그런 환경에서 있었던 아버지는 칭찬을 받아 본 적이 있으실까요?"라는 질문을 계기로 시작하여 아버지가 자신에게 했던 행위들과 연결시키며 모든 상황을 이해할 수 있는 태도로 변하기 시작했다. 그러한 과정을 통해 그녀는 아버지에 대한 안쓰러움과 연민, 그리고 사랑을 느끼기 시작했으며, '아버지는 그럴 수밖에 없었구나'라는 생각에 집중하게 되면서부터 아버지의 모든 것에 대한 인지적 변화가 일어나기 시작했다.

"아빠는 어릴 때도 공부 잘하는 형들에 치여서 인정받지 못하고 '너는 왜 그러냐' 맨날 그런 소리만 들었을 것 같아요. '아! 그거를 그대로 나한테 한 거구나.' 아, 정말 그러네요! 아빠를 집에서 사람취급 안 했을 것 같아요. 학교에서 사고도 많이 쳐서 형들에게도 맨날 무시당하고 그랬을 거예요" *(session 10- 회기면담).*

"아! 정말 이해가 된다. 난 아빠가 '왜 저렇게 늘 부정적인 생각만 할까?'라는 문제가 오늘까지도 늘 의문스런 문제였어요. 엄마 아빠가 그토록 싸우신 이유는 지금 생각해보면 아빠의 열등감이었던 것 같아요. 끊임없이 자기를 누르는 사람만 있지 누가 밖에서 들어온 사위를 그렇게 챙겨줬겠어요? 아들이 셋이나 있는데... 엄마는 아빠를 항상 무시했고 아빠는 열등감이 컸겠죠" *(session 10- 회기면담).*

"아빠가 이 회사를 만들기 전에도 외할아버지 회사에서 엄청 굴욕적인 일들을 겪었나 봐요. 외할아버지가 사고 치면 아빠한테 '네가 다 막아라'라고 해서 아빠가 은행장 앞에 무릎 꿇고 바짓가랑이 붙잡고 울고 그랬었데요. 자존심은 다 바닥에 버려진 거죠" *(session 10- 회기면담).*

"아빠는 모르는 거였어요. 칭찬하는 방법을 몰라요. 자기가 칭찬을 받아봤어야 알지. 아빠는 나를 많이 사랑하셨지만 항상 표현을 그런 식으로 하신 거였어요. 당신의 사랑을 그렇게 밖에 표현할 수 없었다는 것 뒤에는 아빠의 그런 역사가 있었던 거죠. 이제는 아빠가 정말 나를 사랑하고 걱정하고 위해주신다는 생각을 해요" *(session 10 - 회기면담).*

"나중에 사진을 보니까 놀러는 많이 다녔더라고요. 난 하나도 기억이 안 나요. 사진을 보고 그런 줄 알았지 난 실제론 경험한 기억이 없어요. 근데 이상하게 내가 워낙 어릴 때 기억이 없기 때문에 잘 모르겠지만 아무튼 사진을 보면 놀러 다녔더라고요" *(session 8 - 회기면담).*

그녀는 아버지의 삶의 전반적인 이야기를 어머니로부터 들었다고 하였다. 그러나 그 이야기들 이면의 아버지의 아픔과 어려움에 대하여 생각해보거나, 아버지가 행한 폭력적인 행동들의 요인에 관하여 생각해 본 적은 없었던 것이다. 그녀는 아버지 삶의 이야기들을 풀어내는 중 치료자의 인지적 접근의 질문을 통해 아버지의 삶을 다시 바라보기 시작했다. 이러한 과정은 아버지의 입장이 되어 아버지의 삶 속의 정서들을 공감하는 과정을 통해 아버지를 진심으로 이해할 수 있는 계기가 될 수 있었다. 타인의 관점을 수용하기 위해서는 타인에 대한 공감적 이해가 매우 중요하며, 공감적 이해는 대상과 자기의 심리적인 동일성을 경험하는 것이다. 따라서 이러한 그녀의 확장된 공감은 아버지와 자신을 평등한 위치에서 바라보고 이해할 수 있는 인간적 공감의 표현을 이끌어 낼 수 있었다.

아버지에 대한 기억들을 애써 떠올려보며 정말 아버지에 대한 기억은 '부정적인 기억들뿐인지, 아버지에 대한 좋은 기억은 없는지'의 문제를 바탕으로 기억을 찾아 가기로 했다. 그러한 과정에서 잃어버렸던 기억들을 떠올리게 되었고 아버지도 나에게 잘해주시고 딸을 사랑했던 분이라는 사실을 깨닫게 되었다. 이는 잃어버렸던 기억의 작은 부분을 떠올린 후에는 다른 좋은 기억들도 함께 발견할 수 있는 계기가 되었다.

아버지의 삶에 대한 탐색을 통해 치료자와 그녀는 아버지도 '다른 사람들에게 사랑받고 싶어 하고 인정받고 싶어 하며 평생을 사셨으리라'고 생각하게 되었다. 그렇다면 '내가 아버지에게 어떻게 대해야할까?'라는 내담자 자신의 문제에 종착하게 되었고, 아버지를 마치 어린 아기처럼 대하는 것이 아버지의 평생 동안 굳어있는 마음을 녹이고 아버지를 편하게 할 수 있는 가장 좋은 방법이라는 것을 생각하게 되었다.

또한 아버지에 대한 공포와 더불어 서운함과 원망만 가지고 살아온 오랜 세월동안 단 한 번도 아버지의 입장이 되어 다른 관점에서 생각해 본 적이 없었다. 그럼에도 불구하고 치료자의 질문에 예민하게 반응하며 아버지가 자신에게 하셨던 이해할 수 없었던 행동들의 요인을 깨닫는 과정에서 아버지에 대한 이해와 연민을 가지기 시작했다.

"아빠가 요즘 많이 달라지셨거든요. 내가 마음에 불편함이 없어지니까 그게 서로 선순환이 되는 것 같아요. 그전엔 악순환이었는데 내가 먼저 다가가니까 아빠가 풀리고, 아빠가 풀리니까 내가 안 무섭고 불안해지지 않고, 요즘은 아빠가 부르시기 전에 제가 먼저 아빠 방으로 가요"

(session 12 - 회기면담).

"내가 아빠 손을 잡으면 아빠가 손을 꼼지락꼼지락하면서 꼭 잡고 계세요. 난 이게 평생 처음이죠. 근데 아빠 손이 너무 차. 그러면 아빠 표정이 아기같이 되고 행동도 아기처럼 하시는 것 같아요. 눈빛이 달라지고 행동과 말투가 달라졌어요. 아빠가 변했어요. 내가 변하니까 아빠가 변했어요" *(session 12 - 회기면담).*

"이제는 아빠가 어떤 이상한 언행을 해도 왜 그러시는지 알겠어요. 아빠가 회사를 곧 떠나야 하는 두려움도 이해하구요. 요즘은 아빠가 되게 외로워 보이고 안쓰러워 보여요" *(session 16 - 회기면담).*

그녀는 이 방법을 바로 실제 생활에서 적용하기를 시도하였고 딸의 달라진 태도에 대한 아버지의 반응은 즉각적으로 나타났다. 그녀를 대하는 아버지의 태도는 분명하게 관대해지고 부드러워지기 시작했다. 이러한 아버지의 변화된 태도는 내담자에게 기쁜 감동을 주었으며, '아기 아버지'라는 아버지에 대한 표상이 내담자의 인지적 변화에 결정적 요소가 되었다. 아버지의 아기 같고 부드러운 태도는 그녀에게 커다란 깨달음을 주었으며, 동시에 많은 그녀의 문제들이 해결되기 시작한 것이다.

그녀는 아버지와의 관계에서 경험한 이야기들을 풀어내는 과정에서 아버지에 대한 부정적 신념을 확인하였으며, 치료를 통해 점차 아버지에 대한 인지적 변화를 이루게 되어 아버지에 대해 사용하는 용어가 변화 되었다. 아버지에 대한 인지적 변화에 따라 변화된 그녀가 사용한 언어표현의 키워드를 정리하면 아래의 표와 같다.

그녀의 아버지에 대한 언어표현의 변화

이전의 신념	인지적 재구성
- 아빠는 무서운 사람 - 아빠의 말씀을 따르지 않으면 맞아 죽을 것 같아 - 아빠는 공포야 - 아빠와의 좋은 기억은 떠오르지 않아	- 아기처럼 행동하시는 아빠 - 미소 지으시는 아빠 - 신나서 수다를 떠시는 아빠 - 내가 안아드리고 싶은 아빠 - 변하신 아빠 - 외로워 보이는 아빠 - 나를 사랑하고 걱정해주시는 아빠

2) 그리운 엄마

그녀가 불안을 느끼는 특정한 상황은 대부분 관계유형의 상황이며, 이 유형 중에는 어머니와의 관계에서 가져왔던 생각과 행동도 무척 중요한 것이라고 할 수 있다. 그녀는 아버지에 대한 이야기를 풀어나가는 중, 어느 한 시점에서 어머니에 대한 새로운 해석을 시도하게 되었다. 자신이 어린 시절에 느꼈던 아버지의 공포에 대한 기억을 떠올리며 많은 이야기를 하던 중, 자신이 가진 아버지에 대한 공포가 아버지만의 문제는 아닌 것 같다고 말했다. 아버지에 대한 공포는 어린 시절부터 현재까지 무조건적이고 자동적인 것이었으나, 프로그램을 통해 기억을 더듬어 가는 과정에서 예전에는 인지하지 못했던 부모님 두 분의 태도를 조금 거리를 두고 바라보며 어느 한 분의 입장에 치우치지 않은 중용의 입장에서 새롭게 떠오르는 기억들이 수반된 것이다.

치료자와 그녀는 아버지의 삶에 대한 이해와 더불어 어머니의 삶에 대한 이해를 시도하였다. 그녀의 어머니도 어린 시절에 부모님으로부터 긍정적 평가와 인정을 받은 기억이 없는 성장과정에 관하여 딸에게 자주 이야기하셨다고 했다. 그러나 과거에는 그녀 자신이 느끼는 감정에 초점을 두었기에, 어머니가 나에게 하신 행동에 대한 서운함과 원망으로 가득해 어머니의 삶을 느껴보고 이해할 수 없었던 것이다. 어머니가 자신에게 음식을 마음껏 먹지 못하게 하고 외모에 대한 스트레스를 주셨던 것에 대해서도 어머니가 어린 시절 경험한 일들을 통해 그러실 수밖에 없었다고 생각하게 되었다.

"그런데 이야기하다 보니까, 엄마를 통해서 본 아빠의 공포가 더 많았던 것 같아요. 왜냐면 나한테 직접적으로 폭력을 행하시거나 그런 건 없었고, 그 공포가 딱 전체가 된 상태에서 보니까 아빠가 뭘 하든 다 공포로 보는 거죠" *(session 8 - 회기면담)*

"엄마는 엄청 차별받고 자라셨어요. 집에서 남아선호사상이 하늘을 찔러서 아들은 사람대접하고 딸은 완전 짐승취급을 했었다고 했어요. 게다가 중간에 끼인 엄마는 거의 벌레 취급을 당했다는 거죠. 그렇게 집이 재벌이었는데도 엄마는 교복을 새 걸 입어 본적이 없데요. 누렇고 너덜너덜한 것을 언니에게 물려받아 입고 학교 다녔데요. 그래서 엄마가 외할머니 돌아가시고 눈물 한 방울도 안 흘렸다고 했어요. 그렇게 우리 엄마는 평생 사랑을 한 번도 못 받아 본거에요. 그런데도 나는 엄마가 살아

계실 때 엄마를 이해 못해서 연락도 잘 안하고 멀리했어요. 엄마가 너무 불쌍하고 보고 싶어요" *(session 10- 회기면담).*

"엄마가 살에 대해 왜 그렇게 집착해서 나에게 그랬는지도 이제는 이해가 되요. 왜냐하면 엄마가 말랐다가 고등학교 때부터 살이 찌기 시작해서 대학교 때 무척 뚱뚱했는데 자기는 한 번 살이 찌면 절대 못 빼는 건 줄 알았데요. 그러면서 남자들이 좋아하지도 않았고 그러다 엄마를 좋아한 유일한 남자를 만났는데 그게 아빠여서 결혼했데요. 엄마는 자신이 살 때문에 망한 인생이라고 자주 말했어요. 엄마는 뚱뚱한 사람은 죄인이라고 했어요" *(session 10- 회기면담).*

치료의 과정에서 엄마의 삶을 이해하고자 하는 시간을 통해 엄마가 그녀 자신에게 그렇게 밖에 할 수 없었던 개인적 삶의 문제들과 어려움을 깨닫게 되었고, 이는 어머니에 대한 원망에서 수용과 연민으로 변하였으며 결국 일찍 돌아가시고 옆에 계시지 못한 현실에 대해 안타까워하며 이전보다 어머니를 훨씬 그리워하는 마음을 가지게 되었다. 그녀는 치료를 통해 자신의 정체성을 찾아 나가는 동시에 과거에는 원망과 서운함으로 가득했던 부모님에 대한 이해와 공감이 이루어졌다.

그녀는 치료의 과정을 통해 점차 어머니에 대한 인지적 변화를 이루게 되어 어머니에 대해 사용하는 용어가 변화 되었다. 어머니에 대한 인지적 변화에 따라 변화된, 그녀가 사용한 언어표현의 키워드를 정리하면 아래와 같다.

그녀의 어머니에 대한 언어표현의 변화

이전의 신념	인지적 재구성
- 딸에게 도시락도 안 싸준 엄마 - 비정상적인 사람 - 엄마는 상황을 과장되게 설명함 - 아빠를 화나게 한 사람	- 사랑을 받지 못했던 엄마 - 엄마가 불쌍해 - 엄마를 이해할 수 있어 - 그리운 엄마

3) 그들의 입장이 되어 나를 바라보기

그녀의 불안을 야기하는 공포의 요인은 '남성의 무표정과 저음의 목소리'임을 확인했듯이, 아버지에 대한 역기능적 스키마와 그로부터 습관적으로 나타나는 부정적 자동적 사고의 대상은 모두 남자였음을 알 수 있었다. 그녀는 남편에게서 느낀 공포와 불안, 그리고 왜곡된 죄책감을 회사에서 매일 마주치는 남성들에게서도 자주 비슷한 감정을 느껴왔다. 이에 그녀에게 공포와 불안을 느끼게 한 그들은 어떤 의도에서 화를 내고 어떤 태도로 그녀를 대하고 있는 것인지 그들의 입장이 되어 보기도 하고, 객관적으로 그 사람들과 그 상황에 대하여 다시 생각해보며 새롭게 해석해보는 과정이 필요했다. 그녀가 느낀 감정들이 어쩌면 지극히 주관적이며 아버지로부터 전이된 감정일 가능성을 가지고 있기 때문이며 남자라는 존재에게서 느끼는 권위와 그 권위에 대한 자동적 사고로부터 야기된 불안으로 볼 수 있기 때문이다.

또한 그녀는 자신에 대하여 많은 사람들이 부정적으로 느끼고 평가할 것이라고 생각해 왔기에 낯선 사람을 만나는 일이 가장 두려웠다. Marks와 Gelder는 '부정적 평가에 대한 두려움'에 대하여 다른 사람에 의해 자신이 관찰되거나 평가 받는 것에 대한 두려움이며 자신이 다른 사람에게 우습게 보이거나 안 좋은 인상을 줄 것에 대한 두려움이라고 정의했다. 즉, 부정적 평가에 대한 두려움의 본질은 다른 사람에게 좋은 인상을 주고 싶고 인정받고 싶은 생각을 가졌으나, 자신의 능력을 믿지 못해 자신이 부족하게 보일 것이라고 생각하고 불안을 느끼는 것이다.

이러한 타인의 시선에 대한 근본적인 두려움이 불안을 야기하고 성장과정에서 지속적으로 들어온 부정적인 평가로부터 각인된 자신에 대한 수치심과 낮은 자존감이 그녀의 사회불안증상을 야기하게 된 것이다. 이에 따라 치료과정에서는 우선, 그녀로 하여금 아버지에 대한 긍정적 기억을 회상하는 것으로 출발하여 아버지의 삶을 바라보고 아버지를 마음으로 이해하는 과정을 통해 아버지를 대하는 태도를 바꾸게 되었다. 그러한 그녀의 달라진 태도에 아버지도 과거와는 전혀 다른 모습을 보여주시며 딸과 함께 하는 시간이 더 잦아지게 되었다. 이러한 아버지에 대해 깨닫지 못했던 부분에 대해 인지적 재구성을 이루게 되면서 그녀는 어머니와 남편, 나아가 남성과 타인에 대한 자신의 사회불안 증상을 객관적으로 바라보게 되었다.

남편에 대한 공포와 불안은 남편이 결혼 후에 중요한 목표를 이루기 위해 삶이 무척 힘들었고 자신과 아이들을 따뜻하게 보살펴 줄 여유가 없었을 것이라며 남편에 대한 이해와 연민도 느끼게 되었다. 남편의 반듯한 자세와 무표정, 그리고 사무적인 말투는 그 사람이 나 때문에 기분이 나빠서 취하는 자세가 아니라 직장에서 힘든 일들에 대한 표현이었으며, 자신에게 화를 내거나 기분 나쁜 말을 한 적은 거의 없었다는 것을 새롭게 깨닫게 되었다. 남편에 대한 공포와 불안도 아버지로부터 표상된 남성에 대한 부정적 자동적 사고의 일환으로서 자신의 왜곡된 사고에 대해 발견하고, 남편이 동일한 자세와 동일한 말투로 말을 해도 자신이 무엇을 잘못해서 그런 게 아니었다는 것을 알게 된 것이다. 이 과정에서는 남편의 입장이 되어보는 역할극과 남편의 입장에서 자신이 어떻게 보일지에 대한 탐색, 그리고 남편의 입장에서 자신에게 편지글 써보기 등의 활동이 도움이 되었다.

"아! 그래서 불안한 거구나. 그럼 분명히 내가 잘못된 생각을 했다고 생각이 들어요. 말하다 보니 이제 확실히 알겠어요. 내 생각이 비현실적이네요. 옛날에 나에게 했던 일들을 '또 나에게 할 것이다'라는 생각이 자동적으로... 그럼 내가 막 무서워서 가만히 있거나 농담을 못 받아들이고 막 화를 내거나 하는 게 모두 일맥상통하는 건가요?"
(session 8 - 회기면담).

"지난주에 회의를 했는데 영업이사가 나보고 기분이 몹시 언짢다는 목소리로 저에게 짜증을 내는 거예요. 그 순간에 제가 생각했어요. '지금 이 상황을 어떻게 처리해야 할까, 저 사람은 왜 저렇게 밖에 말을 못하는 걸까?'라고 생각하며 잠시 고민을 했어요. 그리고는 회의가 끝나고 나와서 그 사람에게 제가 '수고하셨습니다'라고 말하고, '그런데 아까 말투는 좀 문제가 있었습니다'라고 말했어요. 그랬더니 막 굽신 거리면서 '아, 죄송합니다. 제가 불쾌하게 해 드렸다면 죄송합니다'라고 말하면서 막 미안해하더라고요. 그래서 그렇게 잘 넘어 갔어요" *(session 8 - 회기면담).*

"남편에게 내가 옛날에 너무 힘들었다고 말하니까 남편은 자기는 나에게 화난 적이 거의 없었고 자기는 늘 행복했었다고 하더라고요. 내가 막 엎드려 빌고 그러면 왜 비는지 이해가 안 되서 자기도 답답했었데요. 예전엔 남편이 되게 억울했겠다고 생각이 들어요"
(session 14 - 회기면담).

"남편이 퇴근하기 전에 내가 집에 가있지 않으면 엄청 불안해서 막 서둘러 가곤 했는데 요즘은 내가 일이 있으면 미안하다고 연락하고 그랬어요. 그런데 집에 가면 남편이 밥도 잘 차려먹고 잘 다녀왔냐고 말해주고 그러더라고요. 정말 예전 같으면 상상할 수도 없는 일이거든요. 정말 상대방은 그런 생각을 안 하는데 나 혼자 불안했던 거죠"
(session 16- 심층면담 3).

회사에서 마주치는 남자 직원들과의 관계에서도 자신이 가진 인지적 오류들을 깨달은 후로는 같은 상황이 오더라도 예전 같은 안전행동을 하지 않고 자신의 의견을 당당히 말하고 계속 해결하기 위해 그들과 부딪히고 타협하며 해결해 나갔다. 그런 상황에서 오히려 남자 직원들이 미안해하고 자신의 의견을 더욱 잘 받아들인다는 새로운 경험을 하였고, 그녀는 자신이 그동안 생각해온 왜곡된 사고에 대해 분명히 잘못되었던 생각이었음을 깨닫게 되었다. 그녀는 아버지와 남편, 그리고 남성의 곧은 자세와 무표정, 딱딱한 말투와 낮은 저음의 목소리를 대하면 자동적으로 '내가 또 뭘 잘못했구나. 내 탓이야. 내가 실수한 게 분명해'라고 생각했던 과거와는 다른 대처반응을 취할 수 있게 되었으며, 그렇게 하면 오히려 상대방은 자신을 더욱 존중해 줄 수 있다는 것을 알게 되었다. 이는 그녀가 치료시간 외에 일상생활에서 실제적으로 실행하는 훈습의 과정을 통해 스스로 발견하고 깨달은 것이었다. 그녀는 치료의 과정을 통해 점차 남성과의 관계에 대한 인지적 변화를 이루게 되어 남성들과의 상호작용의 양상에 대해 사용하는 용어가 변화 되었다. 남성에 대한 인지적 변화에 따라 변화된 그녀가 사용한 언어표현의 키워드를 정리하면 아래의 표와 같다.

그녀의 남성에 대한 언어표현의 변화

이전의 신념	인지적 재구성
- 공포와 불안의 대상 - 낮은 목소리와 사무적인 말투가 나를 불안하게 해 - 죄책감을 느끼게 하는 존재	- 내 생각이 비현실적 이었어 - 내가 잘못된 생각을 했어 - 오히려 미안해하는 사람들 - 화낸 적 없데 - 나 혼자만 불안했던 거야

4) 나를 표현하기

그녀는 어린 시절에 자신이 자유로웠던 때는 오직 시험기간이라고 하였다. 시험기간에는 부모님께서 그녀가 뭘 하든, 자유를 주셨기 때문이었다. 그녀의 기억 속에는 부모님이 자신에게 자유를 주지 않았고 자신이 원하는 것은 못하게 하셨다고 기억하였다. 먹고 싶은 음식을 마음껏 먹지 못했던 경험과 자신이 원하는 것을 못하게 하셨던 부정적인 기억 속의 경험은 그녀가 원하는 삶을 살아가는 것에 대한 생각과 방법을 스스로 찾아보기 어렵게 하였다.

특히 그녀가 가졌던 아버지에 대한 공포는 남편과 다른 남성들과의 관계에서도 지속적으로 느껴온 것으로서, 그 공포로 인해 자신의 감정이나 생각을 드러내는 것에 어려움을 가지고 있었다. 이러한 증상은 그 범위가 더욱 넓어져 이성뿐 아니라 동성에게서도 나타나 친구들이나 지인들 사이에서도 스스로 왜곡된 인지적 오류들로 인해 어려움을 가지고 있었다.

그녀는 자신의 생각이나 감정을 표현하면 다른 사람들이 자기를 이해해주지 못할 것이고 오히려 비웃고 무시할 거라고 생각하는 일이 많았다. 따라서 그녀는 사람들과의 관계에서 방어적인 안전행동과 회피의 증상이 자주 나타났으며, 이러한 증상은 타인의 평가를 왜곡되게 해석하는 사회불안 장애의 핵심적인 증상에 해당된다.

이에 치료자와 그녀는 아버지와 남편, 그리고 직장의 남성들에게 자신의 생각과 감정을 표현하고 자신의 진정한 자아를 드러내는 것의 훈련을 해 나갔으며, 이는 실제 생활에서 내담자가 자발적으로 여러 상황에서 적용해 볼 수 있는 계기가 되었다. 이런 과정에서 그녀는 새로운 시도를 하는 것에 많은 용기를 필요로 했지만 자신을 찾고자 하는 의지가 강해 큰 어려움 없이 시도해 나갈 수 있었다.

"내가 예전엔 아무 말도 못하고 혼자 방에 와서 울었지만 최근에는 내가 하고 싶은 말을 당당히 했다는 게 달라진 거예요. 근데 그러면 오히려 상대방이 미안해하더라고요" *(session 8 - 회기면담).*

"요즘 너무 신기한 일이 있었어요. 내가 이번 주에 아빠가 원하는 스타일로 옷을 입지 않고 내가 좋아하는 스타일로 입고 출근했거든요. 근데 정말 놀라운 게 요즘 아빠가 저보고 '옷이 예쁘다. 오늘 옷 잘 입었네.' 이런 말을 하시는 거예요. 그런 말 아빠가 하는 거 처음 들어봤어요. 난 아빠가 당연히 엄청 싫어하실 줄 알고 또 한소리 듣겠다. 생각했지만 그래도 내가 입고 싶은 대로 입고 싶어 그랬는데, 너무 신기하지 않아요?" *(session 13 - 회기면담).*

"내가 내 모습에 당당해야 남들도 나를 더 좋게 보는 것 같아요. 나에게 어울리게 입고 내 장점을 부각시키고 싶어요" *(session 13 - 회기면담).*

개인의 감정, 사고, 욕구, 바람 등은 언어적 표현과 비언어적 표현의 다양한 방법으로 표현할 수 있는데 이러한 자기표현(Self-expression)은 불안의 정서를 해소하고 대인관계에서의 상호작용을 더욱 원활하도록 돕는다. 그녀는 자신이 사람들을 대하는 태도가 달라지니 사람들도 자신을 대하는 태도가 달라지는 양상을 현실에서 확인하였고, 나 자신을 드러내고 당당히 표현하는 행동이 오히려 사람들로부터 긍정적인 반응을 얻을 수 있다는 것을 새롭게 깨닫게 되었다. 이러한 계기는 자신이 그동안 가져온 관계유형에서의 인지적 오류들을 스스로 발견하도록 해 주었다.

그녀는 치료의 과정을 통해 점차 자신을 표현하고 드러내는 것에 대한 인지적 변화를 이루게 되어 자기표현에 대해 사용하는 용어가 변화되었다. 자기표현에 대한 인지적 변화에 따라 변화된, 그녀가 사용한 언어표현의 키워드를 정리하면 아래와 같다.

그녀의 '자기표현'에 대한 언어표현의 변화

이전의 신념	인지적 재구성
- 혼날까봐 무서워 참았어 - 나는 입고 싶은 옷을 입지 못했어 - 나는 시험기간에만 자유로웠어 - 아무 말도 못하고 울기만 했어 - 내가 입고 싶은 옷을 못 입으니 짜증나	- 내가 하고 싶은 말을 당당히 해 - 내가 하고 싶은 말을 할 때 상대방이 더 잘 이해해주는 것 같아 - 내 삶의 주인공은 나 - 내가 하고 싶은 것들을 할 거야 - 내가 원하는 대로 입고 꾸미니 내가 더 괜찮아 보여 - 내가 나를 당당히 표현하니 사람들이 오히려 더 좋게 보네

3. 공간

1) 한 테두리 속에 함께 있는 우리

그녀의 가정 안에서 이루어진 불안경험은 남편과 두 아이들과의 상호작용 안에서 이루어졌으나, 불안경험의 대상으로는 대부분 남편과의 관계에서 나타났다. 두 아이들은 모두 타지에서 대학을 다니고 있으며, 아이들과의 관계에서는 그녀의 불안 경험이야기에서 작은 부분만 차지하고 있기 때문이다. 또한 두 아이들과 자신과의 관계보다는 아이들과 남편의 관계에 어려움이 많았으나 현재는 아이들이 성장하면서 아버지와 관계가 많이 회복되었다고 하였다. 이는 그녀가 이야기했던 불안경험 중, 신혼시절에 남편이 너무 바빠 대부분 퇴근이 많이 늦었으며, 집에 돌아와서도 계속 공부에 집중하며 아이들과 많은 시간을 함께 보내지 못했던 이야기가 연결이 될 수 있다.

남편에 대한 부정적, 자동적 사고를 지속적으로 가져온 그녀는 남편의 기분이 나빠 보일 때나 남편이 애들과 조용히 해달라고 부탁할 때, 공포와 불안을 느꼈고 아이들에게 과장된 행동으로 아이들을 혼내는 일이 자주 있었다고 하였다. 그러한 상황은 그녀가 가졌던 남편의 무표정과 낮은 저음의 목소리에 대한 부정적, 자동적 사고의 영향이라고 볼 수 있다. 그러나 치료를 통해 그녀는 자신의 왜곡된 사고를 발견하게 되었고, 그에 따라 아이들이 어릴 적에 자신이 아이들에게 너무 잘못했던 것 같다는 생각을 하게 되었다. 이러한 깨달음이 있은 후 내담자는 아이들이 집에 오면 아빠와 아이들의 상호작용을 더욱 구체적으로 인식하였고, 긍정적인 방향으로 이끌어 주기 위해 노력하게 되었다.

"요즘은 아빠는 딸이랑 친해지고 싶어 하지만 딸아이가 그러지 않으려고 해서 제가 중간에서 어찌해야 하나 늘 고민 있었는데, 답을 찾았어요. 이게 바로 해결방법이죠. 이 그림을 보면 서로 바라보고 있고 큰 테두리 안에 같이 있는 거죠. 서로를 바라보고 있지만 딱 붙어 있지는 않아요. 그러나 함께 있어요. 이 하나의 중심점에 연결되어 있고 세 명이 동등해 보이거든요. 중심점을 가운데 두고 모두 그 중심을 바라보고 있어요. 그리고 큰 테두리 안에 같이 들어가 있는 거죠. 이게 답이네요! 그림으로 그리니까 더 생각이 잘되는 것 같아요" *(session 17 - 회기면담).*

"저는 며칠 전에 너무 행복했어요. 제가 항상 꿈꾸던 가족의 모습을 처음 보았어요. 제가 꿈꾸었던 가족의 모습은 다 함께 거실 소파에 앉아 맛있는 음식을 먹으며 TV를 보는 모습이었어요. 그런데 그날 TV를 보다 생각해보니 우리 네 식구가 모두 함께 치킨을 먹으면서 TV를 보고 게다가 웃으면서 대화까지 나누고 있더라고요. 저는 너무 기뻐서 세 사람을 몰래 사진도 찍었어요. 이런 화목한 모습은 처음 본 것 같아요. 항상 각자 따로 행동하고 있었거든요. 정말 감동이었어요" *(session 18 - 회기면담).*

핵가족의 정서체계는 가족 내에 불안이 증가할 때 가족의 역기능들이 나타나게 되는 것을 의미한다. 이는 불안과 역기능적 사고와 기능의 관계는 개인뿐만 아니라 가족이라는 한 체계 속에서도 관계하고 있음을 알 수 있다. 그녀의 왜곡된 사고의 교정에 따라 불안이 감소되고, 이는 곧 그녀가 속한 가족체계의 정서적 기능에도 긍정적 영향을 미쳤음을 알 수 있다.

그녀가 가정 안에서 가장 많은 상호작용이 이루어지는 대상은 남편으로서, 앞서 남편과의 관계의 양상을 다루었듯이 남편의 입장과 고충을 이해한 후로는 남편에 대한 인지적 변화가 이루어짐으로써 이전보다 훨씬 좋은 부부관계를 이루게 되었다. 남편에게서 느끼는 불안의 본질적 요인을 발견하고 남편을 이해하며, 자신의 문제점을 깨달은 후 부터는 가족의 소중함과 함께 행복하게 살아가는 소망을 키우게 되었다.

그녀는 치료의 과정을 통해 남편에게 느껴왔던 공포와 불안에 대한 본질적 요인을 파악한 후, 남편에 대한 이해와 자신의 문제점을 깨닫게 되는 인지적 변화의 과정을 통해 가족의 관계가 더욱 발전하게 되었다. 이에 그녀가 가정이라는 공간을 말할 때 사용하는 용어가 변화 되었으며, 가정과 가족에 대한 인지적 변화에 따라 변화된 내담자 언어표현의 키워드를 정리하면 아래와 같다.

그녀의 '가정'에 대한 언어표현의 변화

이전의 신념	인지적 재구성
- 나 혼자 살고 싶어 - 가족들은 어디에 사는지 몰라 - 남편이 일할 때는 무서워서 내가 애들을 무섭게 혼냈어 - 아이들이 아빠를 싫어 했어 - 아이들이 아빠와의 관계를 힘들어 해	- 내가 중간에서 어찌해야 하나 해결방법을 고민했고 방법을 찾았어 - 서로 붙어있지만 각자의 존재를 존중해 주면서 한 테두리 안에 함께 있어 - 내가 꿈꾸던 가족의 모습을 보게 되서 행복해 - 우리 네 명이 모두 모여 함께 하고 있는 사랑이 넘치는 집

2) 내 꿈을 펼칠 곳

그녀의 회사 내에서 불안경험은 아버지와 다른 직원들과의 관계에서 이루어졌다. 그녀의 직장은 내담자의 아버지께서 설립한 회사로서 현재 실질적인 업무와 경영을 내담자가 맡아 운영하고 있다. 그녀는 사회불안의 특징적인 증상으로 인해 여자직원들과의 관계에서도 어려움을 자주 느껴왔고 직원들에게 잘해주는 것에 대해서 직원들은 자신을 만만하고 우습게 보는 것 같다고 생각해 왔다. 또한 여자직원들이 자신에게 농담을 하면 자신을 우습게보거나 무시해서 저런 말을 한다고 생각했었다. 그 부분은 치료의 과정에서 스스로 자신의 생각이 잘못되었다는 것을 인지하게 되었고, 자신이 편안하게 잘 대해주어서 농담도 하는 것인데 그런 점을 자신의 부정적, 자동적 사고에 의해 잘못된 판단을 하고 혼자 기분이 불쾌해지곤 했었다고 말하며, 다른 관계로부터의 어려움이 해결되면서 자연스럽게 스스로 깨닫는 부분이었다.

치료의 과정에서 아버지에 대한 공포와 불안이 완화되면서 남편과 남자직원들과의 상호작용에서도 많은 변화를 보이게 되었다. 남자직원들을 대하는 상황에서 그녀가 자신의 생각과 의견을 말하는 것을 시도하였고, 그러한 자기표현의 행동이 오히려 그들로부터 긍정적이고 수용적인 반응이 오는 것을 깨닫게 되었다. 따라서 그녀는 과거 자신의 태도는 왜곡된 사고에서 비롯된 것이며, 그로 인해 불안한 정서와 회피행동을 하도록 만들고 신체적인 어려움까지 동반한 것임을 깨닫게 되었다.

> "하긴 제가 그게 어려운 것 같아요. 회사에서 아주 밑에 어린 직원들이 새로 들어오면 제가 되게 잘해주거든요. 사적인 것도 물어보고 어려운 일 있으면 신경 써서 챙겨주고, 그러면 그 애들이 편해지니까요. 그래서 저에게 농담도 허물없이 불쑥 하고 그럴 때가 있는데, 그러면 사실 내가 그 애들을 그렇게 대했으니까 그냥 받아주면 되는데 제가 확 발끈하거든요. '어! 날 우습게보나?'라는 생각이 들면서 굉장히 화가 나서 혼자 부글부글하고 그러거든요. 사람들은 정말 농담한 건데 그걸 그렇게 받아들이는 제가 문제였던 것 같아요" *(session 8- 회기면담).*

"오늘은 회의와 결재가 넘치는 하루였다. 회의 내내 나는 분명하고 차분하게 내 생각을 정확하게 줄줄 이야기했다. 한 사람이 내 의견에 반대되는 말을 했지만 나는 차분하게 상의하도록 이끌었다. 그 사람의 굳어 있는 표정은 더 이상 나에게 공포로 느껴지지 않았다. 나는 내 생각을 정확히 말했고 그 사람의 태도가 마음에 들지는 않았지만 여유 있게 미소 지으며 회의를 잘 마쳤다. 그런데 그 사람이 의외로 나에게 오더니 자기 말투가 불쾌했다면 이해해 달라며 미안해했다. 나는 여유 있게 그에게 대응했고 자신감이 더 생겼다. 정말 으쓱한 기분이랄까. 내가 참 멋져 보이는 날이다" *(2015년 12월 11일- 일기장).*

"그동안 오래 먹어온 모든 약을 다 끊었어요. 신경안정제와 진통제, 소화제를 자주 먹었는데 특히 신경 안정제는 4년 전부터 계속 먹었는데 어느 날부터 약을 먹을 생각도 안하고 있더라고요. 그 시기를 생각해보니 우리 치료 4회기가 지나면서부터 먹은 적이 없는 것 같아요. 아버지를 만나도 매순간 내가 잘 조절하고 있고 회사에서도 불안을 느끼는 일이 거의 없어요. 내가 일부러 안 먹은 게 아니라, 나도 모르게 안 먹고 있다는 걸 깨달았어요. 정말 신기하고 감사해요. 내가 약을 안 먹고 내 힘으로 이겨내고 있다는 게 정말 상상도 못했던 일이거든요" *(session 12- 회기면담).*

이처럼 치료의 과정에서 실제 현실 속에서 노출의 상황에 부딪히며 시도해 본 훈습의 과정이 내담자의 인지적 변화에 도움을 주었다. 이제는 그녀가 자신의 사업과 회사의 운영방침에 대한 보다 구체적인 계획과 자신이 원하는 꿈을 펼칠 수 있는 곳으로 회사를 인지하고 있으며, 남자직원들과의 관계도 보다 원활하게 변화된 결과를 가져오게 되었다. 이와 같이 그녀는 아버지를 비롯하여 남편과 회사직원들과의 관계도 회복됨으로써, 4년 동안 불안한 순간마다 복용해 온 신경 안정제를 전혀 먹지 않고 있다고 하였다.

약물복용을 멈추게 된 이유는 불안이 감소됨으로 인해 신체적 증상이 나타나지 않고 있기 때문이다.

직장에서 경험하는 다양한 스트레스는 개인의 불안과 신체화 증상에 영향을 미치며 사회적으로 부과된 업무의 능력은 일종의 사회압력으로서 경험되어 사회불안장애와도 유의미한 상관이 있음이 보고되고 있다. 그녀가 가진 사회불안장애의 증상이 가장 두드러지게 나타난 곳은 회사라는 공간이었고, 이 공간에서 그녀는 사람들이 일반적으로 느끼는 직장 내 스트레스의 양상은 물론이고, 개인적인 어려움까지 함께 가지고 있었다. 회사에서 매일 마주하는 아버지와의 관계로 인해 직장에서의 스트레스가 가중되어 왔기 때문에 그녀의 불안양상은 반복적이고 순환적으로 나타날 수밖에 없었다. 그러나 그녀는 치료의 과정을 통해 직장에서 느껴왔던 관계에서의 어려움에 대한 본질적 요인을 파악한 후, 상호작용에서 나타나는 자신의 왜곡된 사고를 깨닫게 되는 인지적 변화의 과정을 통해 직원들과의 관계가 보다 원만해지게 되었다. 그녀에게 회사라는 공간은 그녀가 어려움을 가져왔던 특정한 관계유형에서 보다 적절하고 올바른 상호전략들을 실현하고 스스로 직접 확인할 수 있는 좋은 공간이 될 수 있다.

이에 그녀가 회사라는 공간을 말할 때 사용하는 용어가 변화되었음을 확인할 수 있었다. 그녀의 인지적 변화에 따라 변화된, 언어표현의 키워드를 정리하면 아래의 표와 같다.

그녀의 '직장'에서 직원들과의 관계에 대한 언어표현의 변화

이전의 신념	인지적 재구성
- 직원들이 날 우습게 보네 - 나에게 농담을 하면 몹시 불쾌해 - 남자의 무표정과 저음의 목소리는 무섭고 불안해져 - 내가 또 실수 했구나 - 나는 무서우면 말을 못하고 내 방에 돌아가 울었어	- 그냥 받아주면 되는데 내가 문제야 - 그 사람은 농담을 했을 뿐이야 - 끝까지 차분하게 대처 했어 - 그 사람의 자세가 마음에 들지 않았지만 여유 있는 미소로 대했어 - 자신감이 생겼어 - 내가 멋져 보여

chapter

08

나비가 된 애벌레

불안장애를 가진 성인의 관계유형과 관련된 역기능적 스키마를 교정하기 위해 인지행동 통합예술치료의 적용을 고려할 수 있다. 스키마는 개인의 과거경험으로부터 고정되어 조직화된 인지적 구조로서, 개인이 경험을 받아들이고 해석하는 기본적인 인지적 틀을 의미한다.

본 사례는 예술매체가 인지행동치료의 정서적 측면을 보완할 수 있는 효과적인 방안이 될 수 있다는 데 착안하여, 불안장애를 치료하는 데 인지행동 통합예술치료가 어떤 의미와 효과를 가지는가를 심층적으로 분석하는 데 목적을 두었다. 불안장애를 가진 그녀가 경험한 불안의 본질적 요인을 파악하고, 이를 바탕으로 특정한 관계유형들과 관련된 부정적, 자동적 사고와 역기능적 스키마를 교정하고자 20회기의 인지행동 통합예술치료 프로그램을 개발 및 적용하였다. 이에 분석을 통해 알게 된 결과를 분석문제와 관련지어 다음과 같이 논의하고자 한다.

첫째, 그녀가 경험한 불안의 본질적 요인은 어린 시절 부모님으로부터 받은 자신의 외모에 대한 부정적 평가와 인정받지 못하고 칭찬받지 못했던 자신의 인간적 가치에 관련한 요인은 '수치심', '공포', '죄책감',

'권위'의 네 가지로 도출되었다. 그녀는 어린 시절부터 현재까지 부모님으로부터 외모에 관한 긍정적 평가를 거의 들어보지 못하고 지속적으로 부정적인 평가를 받아 왔기에 어린 시절부터 이미 자신의 외모에 대하여 역기능적 스키마를 가지고 성장해 왔다. 이는 대인관계에서 자신감을 낮게 하였으며 사람들이 자신을 부정적으로 평가하고 좋아하지 않을 것이라는 자동적 사고로 인하여 사회불안장애를 가지게 되었다.

사람들이 자신의 외모 때문에 무시한다고 생각하거나 싫어한다고 생각해 왔으며, 이는 타인의 평가에 대한 두려움의 수준을 높여 참여자의 사회불안장애의 핵심적 요인이 되었다. 따라서 자신은 '못생기고 뚱뚱하다'라는 외모에 대한 역기능적 스키마로 인하여 특정한 상황에서 자신을 비하하고 스스로 부정적으로 평가하게 되는 수치심이 마음 깊이 자리하고 있었다.

또한 아버지를 대상으로 이후 남편과 다른 남성들과 관련하여 반복적으로 느껴온 공포에 따라오는 '죄책감', 그리고 그것의 매개로 볼 수 있는 '권위'가 내담자가 가진 또 다른 불안의 요인이다. 그녀는 어린 시절부터 아버지는 공포의 대상이라고 인지하고 있었다. 특히 어머니로부터 간접적으로 경험한 아버지는 더욱 무서운 존재였으며, 죽음의 위협마저 느끼기도 했었다. 그런데 그녀가 아버지로부터 느껴온 공포 이전에 내담자의 어머니가 아버지를 무서워했으며, 남편을 공포의 대상으로 생각했었다. 남편을 무서워한 어머니의 모습은 남편을 무서워하는 그녀의 모습과 관련이 있다는 것을 알 수 있었다.

따라서 그녀가 느껴온 아버지에 대한 공포와 남편에 대한 공포의 양상은 두 가지의 의미를 가질 수 있으며, 아버지로부터 지속적으로 들어

온 자신에 대한 부정적 평가는 남편이 기분이 나쁘다고 느껴질 때, 그 원인은 항상 자기 때문이라고 생각해 온 본질적 의미를 가진다.

이러한 그녀가 느껴온 공포의 의미와 그 관련성은 성장 후에도 사회적으로 만나게 되는 남성에 대한 감정과 타인으로부터 느끼는 사고에 영향을 미쳐, '내가 잘못 했구나', '내 잘못이야', '내가 또 실수 했구나'와 같은 고정된 신념으로서 자리한 부정적, 자동적 사고와 왜곡된 해석을 하게 되었다. 따라서 공포와 연결되어 늘 따라온 죄책감이라는 인지적 양상이 내담자가 가진 불안의 본질적 요인이다. 그녀의 불안은 공포로부터 발현되는 감정이며, 그녀가 느끼는 공포의 요인은 아버지와 남편, 그리고 다른 남성들에게서 공통적으로 느껴왔고 그녀의 내러티브에서 반복적으로 표현된 '남자의 무표정과 저음의 목소리'이다.

그녀에게 있어서 '남자의 무표정과 저음의 목소리'는 '권위를 가진 사람이 나 때문에 화가 났다'라는 부정적, 자동적 사고를 가지게 하였다. 따라서 그녀가 느끼는 남성의 존재는 무척 권위적인 것 이었으며, '권위'는 권위불안의 특성을 가진 사람으로서 그녀가 느끼는 불안의 본질적 요인으로 나타났다.

이와 같이 불안장애를 가진 성인 개인의 어린 시절부터 현재까지의 불안경험을 심층적으로 이해하고자 시도하기 위한 사례연구 방법으로서 인지행동 통합예술치료를 통해 얻어진 자료를 바탕으로 질적 분석의 방법을 통해 개인이 가진 불안의 본질적 요인을 파악할 수 있었다. 이러한 과정은 불안장애를 가진 개인이 자신의 삶 이면에 자리하고 있는, 중요하지만 그동안 인식하지 못했던 불안과 관련된 많은 이야기들을 발견할 수 있도록 해 주었다. 개인이 가진 불안장애의 특성은 개인 혼자만의 이야기가 아닌 어린 시절부터 지금까지 연결되어 온 가족들과 환경의 맥락에서 깊이 다루어 보아야 할 정서적 문제이기 때문이다. 개인의 불안경험을 질적 분석함으로써 보다 심층적인 분석이 가능하였으며, 이는 개인에 따라 모두 다른 요인을 가질 수밖에 없는 불안장애에 대한 다양한 담론의 가능성을 제시하였다는 의미를 가진다.

둘째, 그녀의 불안경험에서 어린 시절 부모님으로부터 지속적으로 들어온 외모와 능력에 대한 부정적 평가가 불안의 근본적 원인이며, 그로 인한 현상으로 아버지는 공포와 불안의 대상이었고 성인이 된 후에는 남편과 다른 남성들에게서도 부정적, 자동적 사고가 나타나게 되었다. 이에 인지행동 통합예술치료 프로그램을 통해 아버지에 대한 긍정적 기억을 회상해 보는 것을 출발로 하여 아버지의 삶을 새롭게 바라보는 과정이 치료의 핵심적인 역할을 하였다. 아버지에 대한 잃어 버렸던 긍정적 기억을 떠올리는 과정이 그녀가 자신의 인지적 오류들을 깨닫게 되는 중요한 계기가 되었다.

이러한 깨달음에 그녀는 아버지를 대하는 태도를 바꾸게 되었으며, 딸의 변화된 태도에 아버지도 과거와는 전혀 다른 태도를 딸에게 보여줌으로써 그녀가 아버지에 대해 미처 알지 못했던 부분에 대한 새로운 깨달음이 인지적 변화를 가능하게 하였다.

이러한 계기로 그녀는 어머니와 남편, 그리고 다른 남성들과의 관계유형에서 지속적으로 나타났던 자신의 사회불안 증세를 객관적으로 인지할 수 있게 되었다. 남편과 직장에서 마주하는 남자 직원들에 대한 공포와 불안도 아버지로부터 표상된 남성에 대한 부정적, 자동적 사고의 일환으로서 자신의 왜곡된 사고에 대해 발견하고, '남성의 무표정과 저음의 목소리'에도 자신의 잘못이 아니었다는 사실을 깨닫게 된 것이다.

또한 타인의 평가에 대한 두려움에 대한 인지적 오류가 자신을 무시하고 우습게 여긴다는 부정적, 자동적 사고를 가지게 하였으나 노출된 상황에서 자신의 생각을 표현하고 대처행동을 취하지 않음으로써, 오히려 이전과 다른 더욱 호의적이고 긍정적인 반응을 발견하게 되었다.

이처럼 개인의 불안경험은 어린 시절부터 특정한 대상으로부터 공포를 느끼는 심리적 자극의 사건이 그 대상과의 관계에서 지속적으로 공포를 느끼게 할 수 있으며, 공포는 그 대상에 대한 스키마로 고착되어 다른 사람들과의 관계에도 부정적 영향을 미칠 수 있음을 알 수 있었다.

이에 인지행동 통합예술치료는 특정한 관계유형에서 발현되는 부정적, 자동적 사고의 교정을 위해 통합예술치료를 통한 관계를 맺고 있는 대상에 대한 감정표출의 정서적 접근으로 출발하여 인지행동치료를 통한 인지적 재구성의 단계에 보다 쉽고 빠르게 도달할 수 있다. 인지행동치료만 적용했을 때 보다 통합예술치료를 통해 관계를 맺고 있는 대상에 대한 깊은 이해가 우선 가능했기 때문이다. 이에 그녀가 느껴온 공포와 그에 따라오는 불안은 개인적, 사회적 관계 유형과 관련되어 유발되는 부정적, 자동적 사고가 중요한 핵심적 치료대상임을 알 수 있다.

셋째, 그녀는 자신에 대한 역기능적 스키마로서, '나는 못생기고 뚱뚱한 사람', '나는 능력이 부족한 사람', '아버지는 공포의 대상', '남자는 무서운 존재'라는 스키마를 구성하고 있었으며, 이는 특정한 상황과 특정한 관계유형에서 발현되는 부정적, 자동적 사고들을 우선적으로 교정함으로써, 이전의 고정된 신념으로서의 역기능적 스키마들에도 영향을 미쳐 유의미한 변화를 가져왔다.

역기능적 스키마의 교정은 그녀 스스로 자신이 충분히 멋지고 아름다운 여자라는 객관적 인식과 자신의 장점을 부각시키는 과정을 통해 이루어졌다. 아버지와 남편, 그리고 직장에서 마주하는 남자직원들과의 관계에서도 습관적으로 반복되어온 부정적 사고들의 원인은 자신의 인지적 오류이며, 그동안 생각해 온 왜곡된 사고에 대해 분명히 잘못되었던 생각임을 깨닫게 되었기 때문이다.

이상의 결과에 따라 불안장애를 가진 성인의 관계유형과 관련된 역기능적 스키마를 교정하기 위해 인지행동 통합예술치료의 적용을 고려할 수 있다. 스키마는 개인의 과거경험으로부터 고정되어 조직화된 인지적 구조로서, 개인이 경험을 받아들이고 해석하는 기본적인 인지적 틀을 의미한다. 특히 개인의 일부 자극적인 경험에 의해 편향된 정보처리에 집중하는 역기능적 스키마는 불안장애를 가진 사람들의 핵심적인 치료의 대상이라고 할 수 있다. 따라서 역기능적 스키마는 정서를 조절하고 자동적 사고와 안전행동, 그리고 신체적 문제까지도 촉발할 수 있는 핵심신념으로서, 불안장애를 가진 사람들에게서 반드시 확인되고 교정되어야 할 요소이다.

불안장애를 가진 개인의 경험이 무척 중요한 만큼, 인지행동 통합예술치료의 방법은 인지적 측면에 집중하는 인지행동치료의 단일한 영역의 치료보다 개인의 경험에 초점을 두고 그로부터 내면에 생성된 정서적 표출을 유도하는 통합예술치료의 방법과 통합적으로 적용하는 것이 개인 경험으로부터 고정된 스키마의 교정에 도움이 될 수 있다.

넷째, 그녀가 경험한 불안은 대부분 특정한 관계유형으로부터 비롯된 스키마와 자동적 사고에 의해 발현된 것으로서, 특정한 관계에서 그녀가 스스로 대처하고 해결해 나가야할 전략들이 요구되었다. 과거에는 그녀가 가졌던 왜곡된 인지적 오류들에 의해 스스로 전략을 찾기가 어려웠으나, 인지행동 통합예술치료를 통해 자신의 인지적 오류들을 깨닫고 교정해 나가는 과정에서 그녀 스스로 개인적, 사회적 상황과 관계에서의 합리적인 상호전략들을 깨닫게 되었다.

이러한 상호전략들은 치료자와 그녀가 특정한 상황과 특정한 관계에서의 유형을 객관적이고 합리적인 관점으로 해석하고자 노력했으며, 이를 실제 생활에서 노출기법을 통해 적용하고 확인하는 과정이 큰 도움이 되었다. 이러한 지속적인 훈습의 과정은 그녀로 하여금 과거의 자신이 가졌던 인지적 오류들에 대하여 깨닫게 해 주었고 직접 확인하는 경험을 통해 스스로 불안에 대처하는 상호전략들을 훈련하게 되었다.

그녀의 개인적, 사회적 상호전략들은 아버지를 대하는 자신의 태도를 교정한 것과 남편과 직장의 남성들에게 자신의 생각을 드러내고 감정을 표현하는 자기표현의 전략이 결국 불안을 완화시키는 전략으로서 '내가 변해야 상대방이 변한다'라는 원리를 가르쳐 주었다.

인간은 다른 사람들과의 관계에서 끊임없이 상호작용함으로써 여러 가지 방법으로 자신의 경험을 해석하게 된다. 이때 불안장애를 가진 사람들은 대부분 왜곡된 인지적 오류들로 인한 불안으로 인하여 다른 사람들과의 관계에서 편향적인 사고를 보임으로써 사회불안장애와 같은 올바르지 못한 상호전략들을 취하게 된다. 이러한 비합리적 전략은 대부분 방어적인 안전행동을 취하는 것으로서 관계의 어려움을 해결하지 못하고 불안이 반복되는 문제를 낳게 되며, 이는 불안장애를 가진 사람들은 불안과 관련되는 개인적, 사회적 관계에서의 건강하고 합리적인 상호전략들이 필요함을 의미한다.

이와 같이 인지행동 통합예술치료는 개인적 관계나 사회적 관계를 맺고 있는 다른 사람의 삶을 탐색하는 과정에서 다른 사람의 인간적 특성을 이해하고 수용함으로써 인지적 교정이 보다 수월해지는 통합적 치료방법이다. 이는 불안장애를 가진 개인이 개인적으로나 사회적으로 행하고 있는 전략들에 대한 잘못된 인지와 그로부터 발생하는 행동들에 대한 객관적 시각은 상호전략을 구성하는 대상에 대한 이해가 우선 중요하기 때문이다. 또한 인지행동 통합예술치료를 통해 개인의 힘겨웠던 경험에서 구체적인 잘못된 생각들을 교정하고 새로운 해석을 가능하게 하여 개인의 성장을 돕는 일은 인지행동치료와 통합예술치료의 효과를 더욱 확고히 증명할 수 있다는 시사점을 가진다.

이상 그녀의 불안장애에 대한 치료의 결과를 요약하면, 인지행동 통합예술치료는 불안장애를 가진 그녀의 관계유형과 관련된 부정적, 자동적 사고와 역기능적 스키마를 보다 합리적이고 객관적인 사고로 교정할 수 있도록 도움을 주었으며, 이에 따라 그녀의 특정한 관계유형에서 불안과 관련된 새로운 대처방안으로서 보다 합리적이고 건강한 개인적, 사회적 상호전략들을 스스로 발견하고 실제적으로 적용할 수 있도록 도움을 주었다.

개인의 경험을 통한 불안의 이야기가 일반화되거나 어떠한 정의가 될 수는 없다. 그러나 불안한 감정을 자주 느끼거나 불안장애의 진단을 받은 사람들에 대한 새로운 지식구성을 가능하게 하여, 개인이 가진 불안의 경험을 재구성하는 기회를 제공할 수 있다. 이는 불안에 대한 보다 다양한 담론과 맥락들을 가능하게 하며, 불안과 불안장애에 대한 인식의 범위가 확대되고 다양한 치료적 개입이 확산될 수 있을 것으로 기대한다.

01_ session 2 - Felt Sense
02_ session 3 - 흑과 백
03_ session 4 - Move & Draw
(그녀의 작품)
04_ session 4 - Move & Draw
(치료자의 작품)

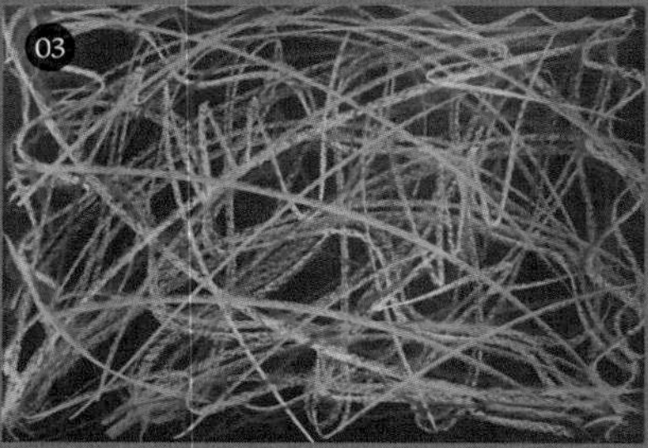

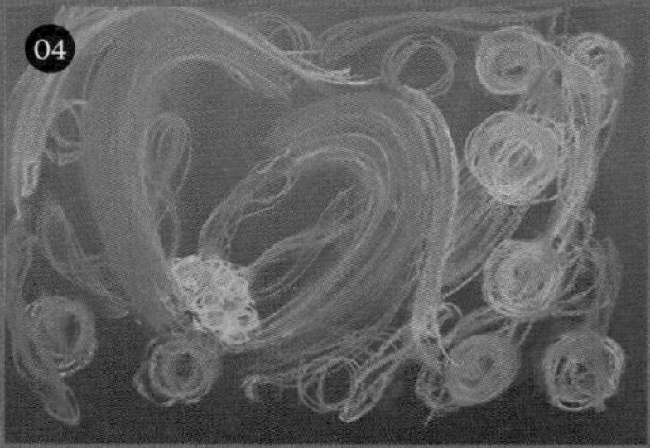

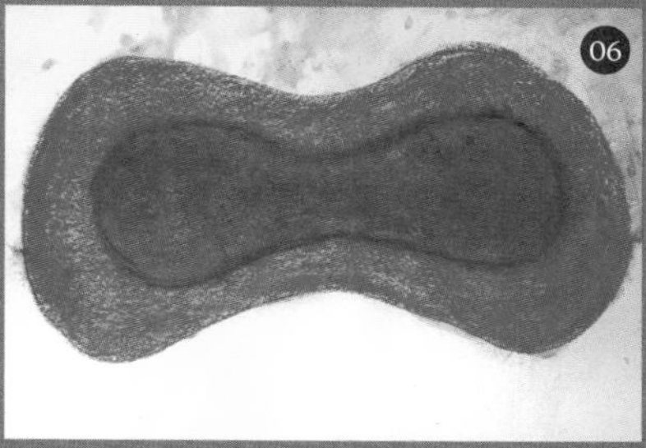

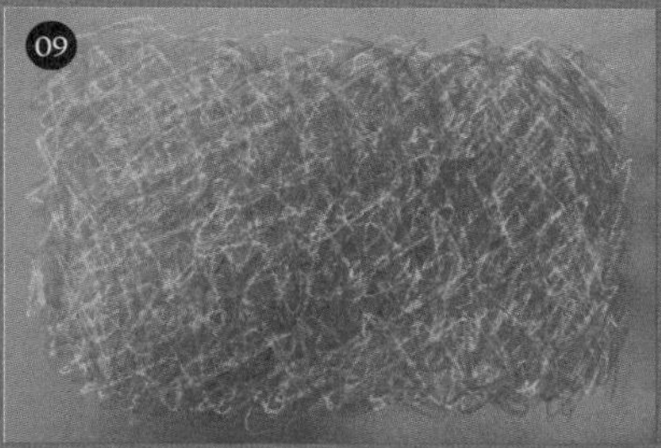

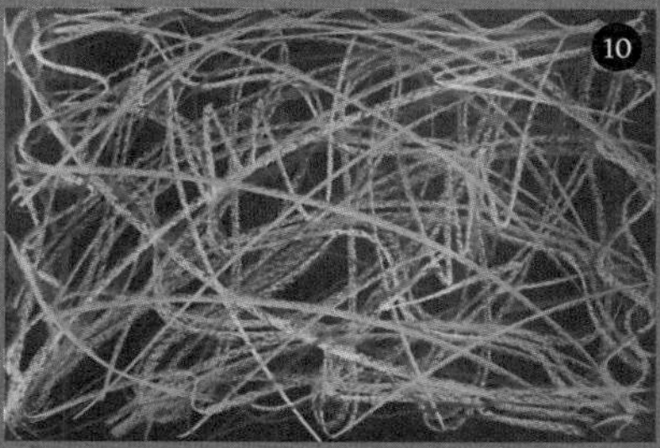

05, 06_ session 5 - 나의 분노
07, 08_ session 6 - 나의 불안
09_ session 7 - 불안의 형상
10_ session 8 - 내 안의 공포
11, 12_ session 9 - 불안의 전경화 1

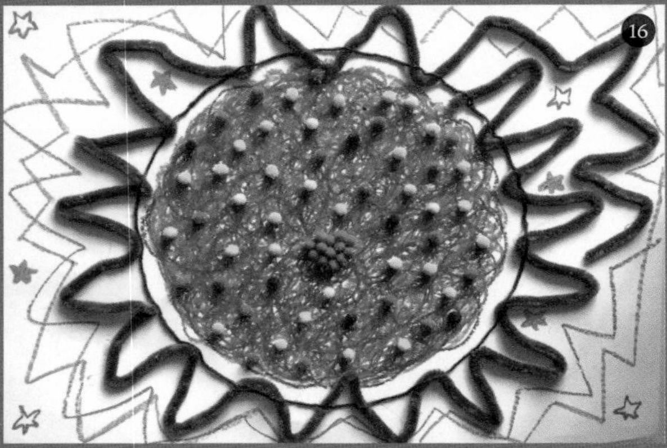

13, 14_ session 9 - 불안의 전경화 1
15_ session 10 - 아버지의 삶
16_ session 11 - 생명나무

17, 18, 19, 20_

session 13 - 황금연못 2

21, 22, 23, 24, 25_

session 16 - 불안의 전경화 2

단
행
본

참 고 문 헌

- 곽영순(2011). 질적연구: 철학과 예술 그리고 교육. 경기: 교육과학사.
- 권석만(2013). 현대이상심리학. 서울: 학지사.
- 김종두(2014). 키에르코게르의 실존사상과 현대인의 자아 이해. 서울: 새물결플러스.
- 김태형(2010). 불안증폭사회. 경기: 위즈덤하우스.
- 노안영(2009). 상담심리학의 이론과 실제. 서울: 학지사.
- 대한신경정신의학회(2009). 신경정신의학 2. 서울: 중앙문화사.
- 대한임상노인의학회(2011). 노인의학. 서울: 한국의학.
- 박계순·이한준(2008). 뉴 패러다임 보건학. 서울: 대경북스.
- 서울대학교 교육연구소(2011). 교육학 용어사전 3판. 서울: 하우동설.
- 송남용(2009). 내 감정 조절법. 서울: 전나무숲.
- 양옥경 외(2010). 사회복지실천론. 경기: 나남출판.
- 영남대학교 미술치료연구회(2011). 미술치료학 개론. 학지사.
- 오동재(2013). 한없이 외로운 불안. 서울: 행성B잎새.
- 옥금자(2007). 미술치료 평가방법의 이론과 실제. 서울: 하나의학사.
- 이승용(2009). 범불안장애. 서울: 학지사.
- 이용승·이한주(2000). 강박장애: 헤어날 수 없는 반복의 굴레. 서울: 학지사.
- 일본 가족화연구회(2005). 그림검사 해석법. 이정숙·홍승연 공역. 서울: 하나의학사.
- 임용자(2004). 표현통합예술치료의 이론과 실제. 서울: 문음사.
- 장현갑 외(2004). 힐가드와 애트킨슨 심리학. 서울: 박학사.
- 조용환(2002). 질적 연구: 방법과 사례. 서울: 교육과학사.
- 최병철(2011). 음악치료학. 서울: 학지사.
- 한국교육심리학회(2000). 교육심리학 용어사전. 서울: 학지사.

- 이토우 도시하루(1994). 사진과 회화. 김경연 역. 서울: 시각과 언어.
- Van Kaam, A. L. (2009). 실존주의 상담학. 이정기·윤영선 공역. 경기: 상담신학연구소.
- American Psychiatic Assoiation(2013). Diagnostic and statistical menual of mental disorders (Fifth edition).
- APA(2013). DSM-5 정신질환의 진단 및 통계 편람. 권준수 역. 서울: 학지사.
- Beck, A. T. (1967). Depression: Causes and treatment. Philadelphia: niversity of Pennsylvania Press. (1985). Anxiety disorder and phobia: A cognitive perspective. ew

York, NY: Basic Books.

- Beck, A. T., Rush, A. j., Shaw, B. f., & Emery, G. (1979). Cognitive Terapy of depression. New York: The Guilford Press.
- Briers, S. (2015). 똑똑한 인지행동치료. 김선욱·김원·김혜경·조철래·최병휘 공역. 서울: 시그마프레스.
- Brooke, S. L. (2010). 창의적 통합예술치료 매뉴얼. 유분순 역. 서울: 하나의학사.
- Bruner, J. (2011). 교육 이론의 새로운 지평: 마음과 세계를 융합하기. 경기: 교육과학사.
- Clandinin, D. J., & Connelly, F. M. (2011). 내러티브 탐구. 소경희·강현석·조덕주·박민정 공 역. 경기: 교육과학사.
- Clandinin, D. J. (2012). 내러티브 탐구를 위한 연구방법론. 강현석 외 공역. 경기: 교육과학사.
- Clark, D. M., & Wells, A. (1995). A cognitive model of social phobia In: R. G. Heimberg, M. R. Liebowitz, D. A. Hope & F. R. chneier (Eds.), Social Phobia: Diagnosis, Assessment, and reatment (pp.63-93). New York: Guilford Press.
- Clark, D. A., Beck, A. T., & Alford, B. A. (1999). Scientific undations of cognitive therapy and therapy of depression. New ork, NY: Wiley.
- Cooper, C. L. (1981). The stress check. New Jersey, Prentice Hall, pectrum.
- Cortman, C. M. (2015). 불안이라는 자극: 걱정, 두려움, 초조를 긍정 에너지로 바꾸는 마음 혁명. 곽성혜 역. 서울: 유노북스.
- Creswell, J. W. (2016). 질적 연구방법론: 다섯 가지 접근. 조흥식·정선욱·김진숙·권지성 공역. 서울: 학지사.
- Darwin C. (1998). 인간과 동물의 감정표현에 대하여. 경기: 서해문집.
- DeFrancisco, J. (1983). Implosive art therapy: Alearning-theory based, psychody-namic approach. InL. Gantt, & S. Whitman (Eds.). Proceedings of the eleventh annual conference of the American Art Therapy Association (pp. 74-79). Baltimore, MD: AATA.
- Denzin, N. K., & Lincoln, Y. S.(Eds). (1994). Handbook of qualitive rsearch. Thousand Oak, CA: Sage publications, Inc.
- Dobson, K. S. (2014). 인지행동치료 핸드북. 김은정·원성두 공역. 서울: 학지사.
- Ellis, A. (1962). Reason and emotion in psychotherapy. New York: Lyle Stuart.

(2009). 불안과의 싸움. 정경주 역. 서울: 북섬.

단
행
본

- Fincher, S. F. (2012). 만다라를 통한 미술치료. 김진숙 역. 서울: 학지사.
- Fontana, A., & Frey, J. H. (2005). The interview: from neutral stance to political involvement. In N. K. Denzin and Lincoln. Y. S.(Eds.). Handbook of qualitative research (pp. 695–728). Thousand Oaks, CA: Sage publications, Inc.
- Flick, U. (2011). 질적 연구방법. 이은미 외 역. 서울: 한울.
- Free, M. (2003). 집단인지치료. 황걸·최영희 공역. 서울: 하나의학사.
- Freud, S. (2012). 정신분석강의. 임홍빈·홍혜경 공역. 경기: 열린책들.
- Glesne, C. (2010). 질적 연구자 되기. 안혜준 역. 서울: 아카데미프레스.
- Goldstein, J. (2002). People of an Almighty God: Competing Religions in the Ancient World. Anchor Bible Commentary.
- Heimberg, R. G., Dodge, C. S., & Becker, R. E.(1987). Anxiety and stress disorder: Cognitive–behavioral assesment and treatment. I. L.Michelson., & L. M. Ascher(Eds.). New York: Guilford.
- Herbert, J. D., & Forman, E. M. (2015). 인지행동치료와 수용·마음챙김 기반 치료. 박경·김혜은·양선미 공역. 서울: 학지사.
- Horwitz, A. V. (2013). 불안의 시대. 서울: 중앙북스.
- H⊠ther, G. (2007). 불안의 심리학. 장현숙 역. 서울: 궁리출판.
- Ingram, R. E., Mirand, J., & Segal, Z. V. (2006). Cognitive vulnerability to depression. In L. B. Alloy & J. H. Riskind (Eds.). Cognitive Vulnerability to Emotional Disorders (pp. 63–92). New Jersey: Lawrence Erlbaum Associates.
- James C. L. (1993). 현대 기독교 사상사 하. 김귀탁 역. 서울: 은성.
- Kazdin, A. E. (2001). Behavior modification in applied settings (6th ed.) Belmont. CA: Wadsworth/Thomason Learning.
- Kandinsky, W. (2010). 예술에서의 정신것인 것에 대하여. 권영필 역. 경기: 열화당.
- Kerr, M. E., & Bowen, M. (1988). Family Evalution. New York: W. W. Company.
- Kierkeggard, S. A. (2014). 불안의 개념/ 죽음에 이르는 병. 강성위 역. 서울: 동서문화사.
- Ledley, D. R., Fresco, D. M., & Heimberg, G. R. (2006). Cognitive vulnerability to social anxiety disorder. In L. B. Alloy & J. H. Riskind(Eds.). Cognitive Vulnerability to Emotional Disorders (pp. 251–302). New Jersey: Lawrence Erlbaum Associates.

- Ladley, D. R., Marx, B. P., & Heimberg, R. G. (2014). 초보자를 위한 인지행동치료. 김정모·전미애 역. 서울: 학지사.
- Malchiodi, C. A. (1998). Understanding children's drawings: Emotional content of children's drawings: Childhood depression. New York: The Guilford Press.
- Mason, J. (2013). 질적연구방법론. 김두섭 역. 경기: 나남.
- McNiff, S. (2014). 통합예술치료. 윤혜선 역. 경기: 이담.
- Meichenbaum, D. H. (1995). 인지적 행동수정의 통합적 접근. 여광응·정용석 공역. 서울: 양서원.
- Neenan, M, & Dryden, W. (2006). Cognitive Therapy in a Nutshell. London: Sage.
- Person, J. B. (2015). 인지행동치료의 사례공식화 접근. 이유니·김지은 공역. 서울: 학지사.
- Petzold, H. (1991). Überlegungen und Konzepte zur Integrativen Therapie mit Kreativen Medien und einer intermedialen Kunstpsy chotherapie. In H. Petzold, I. Orth(Hg). Die neuen Kreativitätstherapien. Handbuch der Kunsttherapie Bd. II (pp. 585-638). Paderborn: Junfermann-Verlag.
- Power, M. (2010). Emotion-Focused Cognitive Therapy. Wiley-Blackwell. UK: John Wiley & Sons Ltd.
- Salecl. R. (2015). 불안들. 박광호 역. 서울: 후마니타스.
- Seidman, I. (2015). 질적연구 방법으로서의 면담. 박혜준·이승연 공역. 서울: 학지사.
- Stossel, S. (2015). 나는 불안과 함께 살아간다. 홍한별 역. 서울: 반비.
- Stott, R., Mansell, W., Salkovskis, P., Lavender, A., & Hatton, S. C. (2013). 인지행동치료에서의 메타포. 김원·김병수·송후림·정영은·민정아·유민영 공역. 서울: 학지사.
- Strauss, A. & Corbin, J. (1998). Basics of qualitative research: Rechniques and procedures for developing grounded theory(2nd ed.). Thousand Oaks, CA: Sage.
- Wells, A. (1997). Cognitive therapy of anxiety disorder. New York, NY: Wiley.
- White, S. D., & Davis, N. L. (2015). 상담에서 통합적 예술표현의 활용. 윤혜선 역 경기: 예담.
- Yin, R. K. (2016). 질적 연구 시작부터 완성까지. 박지연·이숙향·김남희 역. 서울: 학지사.

- 강민아·김혜정·이승재·정운선·정성훈(2008). 성폭력피해아동에 대한 인지행동치료 적용 사례. 인지행동치료, 8(1), 15-28.
- 구진순·조현춘(2011). 자각중심 문학치료 프로그램이 저소득층 청소년의 불안과 공격성 감소에 미치는 효과. 대한문학치료연구, 2(1), 1-30.
- 권성일·정현희(2014). 수용전념치료 프로그램이 사회불안 수준이 높은 대학생의 우울, 부적응적 인지, 심리적 안녕감에 미치는 효과. 인지행동치료, 14(2), 145-164.
- 김미옥·손정락(2013). 수용전념치료(ACT)가 대학생의 대인 불안, 스트레스 대처방식 및 사회적 자기 효능감에 미치는 효과. 한국심리학회지 건강, 18(2), 301-324.
- 김무경·권정혜·한진규(2012). 만성 공존불면증 환자의 인지행동치료: 세 사례를 중심으로. 인지행동치료, 12(3), 225-258.
- 김미영·이숙민(2014). 이야기 그림검사(Draw-A-Story)에 나타난 아동의 특성-상태 불안에 대한 연구. 한국예술치료학회지, 1, 195-229.
- 김성범(2015). 표현중심 문학치료교육이 대학생의 우울 및 불안에 미치는 영향. 정서·행동장애 연구, 31(2), 527-546.
- 김소정·이한나·윤혜영·권정혜(2014). 사회불안장애의 인지행동집단치료에서의 급성호전 (Sudden Gains)연구. 한국심리학회지: 임상, 33(4), 755-782.
- 김용수(2014). 통합예술치료를 활용한 자각증진 프로그램이 주부상담 자원봉사자의 스트레스감소와 수용행동에 미치는 효과. 예술심리연구, 10(3),181-200.
- 김정옥(2014). 회화로 표현된 동양의 소우주로서의 인체관. 미술문화연구, 5,1-25.
- 김주현(2010). 집단미술치료가 모자 보호시설 아동의 불안 및 자아존중감에 미치는 영향, 한국예술치료학회지. 2, 129-152.
- 김준(2014). 불안과 기독교 상담: 성격적 인지행동 접근. 성경과 신학, 71, 85-109.
- 김지은·이민규(2015). 청소년의 외상경험이 사회불안에 미치는 영향: 자기지각 긍정성 수준에 따른 부정적 사고의 매개효과. 상담학연구, 16(1),129-146.
- 김효숙·최외선(2007). 정서불안정 모의 부적절 양육태도 개선과 아동불안 감소를 위한 모녀미술치료 효과. 예술심리치료연구, 3(1), 23-60.
- 류지은·신지현(2010). 심리적 불안을 가진 결혼적령기 미혼여성의 미술치료 사례연구. 미술치료연구, 17(2), 319-337.
- 박유미·임영진(2015). 부모의 권위주의적 양육태도와 대학생의 시험불안 간의 관계: 사회적으로 부과된 완벽주의의 매개효과, 인간이해, 36(1), 117-128.

- 백윤정·백양희·김인숙(2009). PTSD아동의 불안 및 문제행동 완화를 위한 미술치료 사례연구. 미술치료연구, 16(3), 397-422.
- 변학수·김춘경·채연숙(2008). 불안장애와 문학치료. 한국뷔히너학회지, 30, 327-352.
- 손각중(1998). 무용전공학생들의 공연불안 감소를 위한 불안감소훈련 효과. 대양무용학회논문집, 24.
- 손성희·공마리아·최은영(2016). 성격유형에 따른 대학생의 HTP 반응특성 연구: 사람그림을 중심으로. 미술치료연구, 23(5), 1239-1265.
- 신민섭·설순호(2007). 강박장애의 인지행동치료. 인지행동치료, 7(1), 17-40.
- 신현복·이근매(2015). 집단미술치료 프로그램이 장애자녀 어머니의 불안과 우울에 미치는 효과. 미술치료연구, 22(1), 127-157.
- 안찬원(2016). 어휘 제시 방법을 활용한 자기표현 능력 향상 연구. 새국어교육, 108, 115-139.
- 양병화(2016). 금융텔러의 직무수행과 만족에 대한 긍정적 자아개념과 인지능력의 효과: 동기잠재력의 조절효과를 중심으로. 한국심리학회지,24(2), 355-383.
- 양영애(2011). 범불안장애에 대한 명상과 현실치료의 통합적 이해. 명상심리상담, 6, 127-169.
- 양윤경·김정규(2013). 수치심과 편집성향의 관계-자기개념의 매개효과. 인지행동치료, 13(1), 19-31.
- 염지숙(2009). 유아교육과 편입생들의 편입후 대학생활 경험에 관한 연구. 열린유아교육연구, 14(2), 239-263.
- 오강섭·오명신·이시형(1999). 사회공포증 환자의 기능장애에 관한 연구. 정신신체의학, 7(1), 72-78.
- 오자영·손정락(2009). 인지행동집단치료가 사회공포증 경향이 있는 대학생들의 공적 자의식, 대인불안 및 부정적 평가에 대한 두려움의 감소에 미치는 영향. 사회과학연구, 33(2), 285-308.
- 우나영·이병욱·이홍석·정명훈·이중서(2011). 공황장애 환자의 초기부적응 심리도식의 특성. 대한불안의학회지, 7(2), 85-91.
- 유성진·권석만(2008). 심리치료에서 도식과 양식 개념에 대한 고찰. 한국심리학회지: 일반, 27(1), 91-117.
- 윤지선(2014). 통합적 예술치료를 활용한 건강개선프로그램 개발 및 효과성 연구. 예술

심리치료연구, 10(3), 201-221.

- 윤지원·이상혁·김용우·김묘정·육근영·류미·최태규·김근향(2009). 범불안장애 혹은 공황장애 환자에서 Mindfulness에 기반한 인지치료의 장기치료효과: 1년 추적관찰. 신경정신의학, 48(1), 36-41.
- 윤혜영·권정혜(2013). 사회불안장애의 인지행동치료효과: 주의편향과 암묵적 자존감을 중심으로. 인지행동치료, 13(2), 211-234.
- 이미욱·하정희·최윤영(2015). 또래 괴롭힘에서 주변인 역할 집단에 따른 비합리적 신념, 공격성, 사회불안의 차이. 청소년학연구, 22(9), 137-161.
- 이봉희(2010). 내 안의 시인을 깨우는 문학치료. 한국어문학회지, 110, 31-60.
- 이정윤·최정훈(1997). 사회공포증의 인지행동치료와 노출치료의 효과연구. 한국심리학회지: 상담 및 심리치료, 9(1), 35-56.
- 임선희·이미영·김정민(2013). 중년기 배우자 사별 여성을 위한 애도 인지행동 치료 프로그램 개발 및 효과. 인지행동치료, 13(2), 173-191.
- 정귀연·이지현(2012). 대학생의 성인애착과 HTP 반응특성에 관한 연구. 미술치료연구, 19(1), 89-111.
- 정수미·오선미·김소영(2014). 분리개별화과정 중심의 모-자 미술치료가 양육행 동과 아동 불안에 미치는 영향. 통합심신치유연구, 1(1), 97-115.
- 정여주(2008). 통합예술치료가 인터넷중독 고교생의 인터넷 사용조절과 자기통제에 미치는 영향. 미술치료연구, 15(3), 555-570.
- 정은주(2012). 중년 여성의 우울과 불안 감소를 위한 만다라 연상화 미술치료 사례. 미술치료연구, 19(6), 1455-1480.
- 정은주·오승진(2013). 만다라 미술치료가 ADHD아동의 주의력향상과 정서불안에 미치는 단일사례연구. 아동미술교육, 12, 1-20.
- 정지수(2012). 북한이탈주민 자녀의 불안 및 문화적응 스트레스에 관한 집단미술치료 사례연구. 한국예술치료학회지, 2, 259-283.
- 조미화(2010). 인지왜곡으로서 당위적 사고에 대한 이해와 기독교상담 방안. 성결심리상담, 3, 168-196.
- 주정옥(2010). 통합예술치료 프로그램이 문제행동 아동의 우울, 불안, 정서지능 및 행복감에 미치는 효과. 한국예술치료학회지, 1, 77-99.
- 지문옥(2013). 범불안 경험에 대한 자서전적 내러티브. 명상심리상담, 9, 1-13.

- 진미경·조유진(2011). 중국 유학생의 문화적응 스트레스가 불안과 우울에 미치는 영향. 한국놀이치료학회지, 14(4), 77-89.
- 최민수(2008). 목회상담에서의 이야기치료를 통한 개인적 정체성의 이야기로부터 하나님과의 관계적 정체성의 이야기로의 전환. 한국기독교상담학회지, 16, 233-263.
- 최외선(2005). 집단미술치료가 치매노인의 인지기능과 우울에 미치는 효과. 미술치료연구, 12(4), 951-989.
- 최정아(2010). 미술치료가 부적응아동의 불안과 우울에 미치는 효과. 한국동서정신과학회지, 13(1), 53-67.
- 최창석·조한익(2011). 청소년의 수치심경향성, 죄책감경향성과 부모양육태도, 자기결정동기, 학교생활적응의 관계. 청소년학연구, 18(4), 29-48.
- 현미숙(2013). 집단미술치료가 부적응 병사의 우울 및 불안감 감소와 적응력향상에 미치는 영향에 관한 사례연구. 예술심리치료연구, 9(3), 235-262.
- 황종환(2014). 키에르케고어(S. Kierkegaard)에서 불안과 도덕적 행위. 철학논총, 75, 313-333.
- 황종환(2015). 키에르케고어(S. Kierkegaard)에서 도덕적 치료의 의미: 인간 본성과 행복을 중심으로. 윤리교육연구, 38, 235-252.

- Aderka, I. M. (2009). Factors affecting treatment efficacy in social phobia: he use of video feed back and individual vs. group formats. Journal f Anxiety Disorder, 23, 12-17.
- Antony, M. M., Purdon, C. L., Huta, V., & Swinson, R. P. (1998). eimensions of perfectionism across the anxiety disorders. Behavior esearch and Therapy, 36, 1143-1154.
- Beck, A. T. (1963). Thinking and depression: 1. Idiosyncratic content and ognitive distortions. Archives of General Psychiatry, 9, 324-333.
- Beck, A. T. (1964). Thinking and depression: 2. Theory and therapy. rchives of general Psychology, 10, 561-571.
- Beck, R., & Fernandez, E. (1998). Cognitive-behavioral therapy in the reatment of anger: A meta-analysis. Cognitive Therapy and Research, 22(1), 63-74.
- Beck, A. T. (2005). The current state of cognitive therapy: A 40-year etrospective. Archives of General Psychiatry, 62, 953-959.

- Butler, A. C., Chapman, J. E., Forman, E. M. & Beck, A. T. (2006). The mpirical status of cognitive-behavioral therapy: A review of eta-analyses. Clinical Psychology Review, 26, 17–31.
- Clark D. M., & McManus, F. (2002). Information processing in social hobia. Biological psychiatry, 51(1), 92–100.
- Clark, D. M., Blöte, A. W., Miers, A. C., Heyne, D. A., & Westenberg, M. P. (2014). The relation between social anxiety and audience perception: Examining Clark and Wells's (1995) Model among dolescents. Behavioural and Cognitive sychotheraphy, 42, 555–567.
- Cash, E. C. (2004). Body image: past, present, and future. Body mage, 1, 1–5.
- Frost R. O., Heimberg, R. G., Holt, C. S., Mattia, J. I., & Neubauer, A. L. (1993). A comparison of two measures of perfectionism. Personality and Individual Difference, 14, 119–126.
- Gilbert, P. (2000). The Relationship of Shame, Social Anxiety and Depression: The Role of the Evaluation of Social Rank. Clinical psychology and Psychotherapy, 7, 174–189.
- Glass, C. R., & Furlong, M. (1990). Cognitive assessment of social anxiety: Affective and behavioral correlates. Cognitive Therapy and Research, 14(4), 365–384.
- Gramzow, R., & Tangney, J. P. (1992). Proneness to Shame and the Narcissistic Personality. Personality and Social Psychology Bulletin, 18(3), 369–376.
- Heimberg, R. G. (1989). Cognitive and behavioral treatments for social phobia: A critical analysis. Clinical Psychology Review, 9, 107–128.
- Heyne, Clark, & Westenberg(2014). The Relation Between Social Anxiety and Adolescents, Behavioural and Cognitive Psychotherapy, 42, 555–567.
- Hodson, K. J., McManus, F. V., Clark, D. M., & Doll, H. (2008). Can Clark and Wells's(1995) Cognitive Model of Social Phobia be Applied to Young People?. Behavior and Cognitive Psychotheapy, (4), 449–462.
- Marks, I. M., & Gelder, M. (1996). Different ages of onset in varieties of phobia. American Journal of Psychiatry, 123, 218–221.
- Mathews, A., & MacLeod, C. (2005). Cognitive vulnerability to emotional disorders. Annual Review Clinical Psychology, 1, 167–195.

- Matto, H. C. (1997). An integrative approach to the treatment of women with eating disorders. The Arts in Psychotherapy, 24, 347–354.
- Mellings, T. M. B., & Alden, L. E. (2000). Cognitive processes in social anxiety: The effects of self-focus, rumination and anticipatory processing. Behavior Research and Therapy, 38, 243–257.
- Morris, F. J. (2014). Should art be integrated into cognitive behavior therapy for anxiety disorders?. The Arts in Psychotherapy, 41, 343–352.
- Moscovitch, D. A. (2009). What is the core fear in social phobia?: A new model to facilitate individualized case conceptualization and treatment. Cognitive and Behavioral Practice, 16, 123–134.
- Mpscovitch, D. A., & Huyder, V. (2011). The negative Self-Portrayal Scale: Development, Validation, and Application to Social Anxiety. Behavior Therapy, 42, 183–196.
- Price, B. (1986). Keeping up appearance. Nursing Times, 83, 58–61.
- Reiss, S. (1991). Expectancy theory of fear, anxiety, and panic. Clinical Psychology Review, 11, 141–153.
- Reynolds, R. (1999). Cognitive behavioral counseling of unresolved grief through the therapeutic adjunct of tapestry-making. The Arts in Psychotherapy, 26, 165–171.
- Weeks, J. W., Heimberg, R. G., Rodebaugh, T. L., & Norton, P. J.(2008). Exploring the relationship between fear of positive evaluation and social anxiety. Journal of Anxiety Disorders, 22(3), 386–400.

- 강문희(2015). 교육연극을 통한 말하기 불안 감소 효과 분석 연구. 경인교육대학교 석사학위논문.
- 강미자(2010). 미술치료가 가정폭력 피해여성의 우울, 불안 및 공격성 감소에 미치는 영향. 대전대학교 석사학위논문.
- 강은영(2015). 난임 여성의 심리사회적 적응을 위한 인지행동치료 프로그램의 개발 및 효과. 명지대학교 박사학위논문.
- 고윤정(2015). 사회불안장애 여자 대학생을 위한 인지행동치료와 수용전념치료의 효과 비교. 명지대학교 박사학위논문.
- 고현덕(2013). 내러티브를 활용한 통합교육과정 모형 개발 연구: 과학교과를 중심으로. 건국대학교 박사학위논문.
- 곽현주(2013). 예술치료 효과에 대한 메타회귀분석: 음악치료, 미술치료, 무용동작치료, 통합예술치료를 중심으로. 충북대학교 박사학위논문.
- 권옥빈(2016). 인간중심표현예술치료가 성폭력 피해 여성의 자아존중감 증진과 사회적 회피 및 불안 감소에 대한 효과. 영남대학교 석사학위논문.
- 권태희(2012). 사회불안에 영향을 미치는 완벽주의에 대한 고찰과 성경적 상담. 총신대학교 석사학위논문.
- 김기환(2015). 수용이 사회불안 감소에 미치는 효과: 수용 기반 노출치료 프로그램의 개발 및 효과검증. 서울대학교 박사학위논문.
- 김무경(2014). 불면증에 대한 인지행동치료 효과 연구: 공존 불면증 환자를 대상으로. 고려대학교 박사학위 논문.
- 김성연(2014). 30대 여성의 결혼 전 불안 경험에 관한 내러티브 탐구. 평택대학교 박사학위논문.
- 김성희(2012). 불안증상을 호소하는 청소년의 개인 미술치료 사례 연구. 동국대학교 석사학위 논문.
- 김세은(2015). 암환자의 불안 감소를 위한 만다라 미술치료 사례연구. 대구대학교 석사학위논문.
- 김영석(2008). 완벽주의, 수치심, 우울의 관계. 서강대학교 석사학위논문.
- 김영천(2012). 통합예술치료프로그램이 정신장애인 재활에 미치는 효과: 조현병환자를 대상으로. 대구대학교 박사학위논문.
- 김은선(2011). 가정 내 문화자본이 청소년의 진로결정과정에 미치는 영향. 한양대학교

석사학위논문.김정숙(2007). 집단미술치료가 요양시설 경증치매노인의 인지기능과 문제행동에 미치는 영향. 원광대학교 석사학위논문.

- 김재호(2012). 초기 부적응 스키마가 공황장애 집단인지행동치료 결과에 미치는 효과. 경북대학교 석사학위논문.
- 김정미(2011). 아동이 지각한 어머니의 양육태도 및 아동의 비합리적 신념과 아동의 사회불안간의 관계. 성균관대학교 석사학위논문.
- 김정옥(2014). 소우주로서 인체와 나무의 생명 표현 연구: 본인의 작품을 중심으로. 동덕여자대학교 박사학위논문.
- 김정하(2015). 문화예술교육의 사회적 함의에 대한 내러티브 연구: 부르디외의 문화자본론 관점에서 본 학교 무용교육을 중심으로. 대구카톨릭대학교 박사학위논문.
- 김정화(2015). 우울한 50대 전업주부의 영화치료 경험 연구. 백석대학교 박사학위논문.
- 김지해(2005). 미술치료가 시설청소년의 우울과 불안에 미치는 영향: 내러티브 탐구 방법론. 원광대학교 석사학위논문.
- 김채순(2012). 수용전념 및 인지행동 심리치료 프로그램이 청소년의 우울증, 심리적 수용 및 자기통제에 미치는 영향. 창원대학교 박사학위논문.
- 김형수(2011). 불안감 극복을 위한 기타음악치료: 상담사례연구를 중심으로. 목원대학교 석사학위논문.
- 김혜림(2015). 해병대 병사들의 심리적 외상경험과 불안, 분노, 외상 후 스트레스 증상. 연세대학교 석사학위논문.
- 나상은(2010). 합리적 정서 행동 집단상담 프로그램이 고등학생의 시험불안 감소에 미치는 효과. 공주대학교 석사학위논문.
- 나숙희(2011). 통합예술치료 프로그램을 활용한 Schizophrenic의 사회행동증진 효과. 서남대학교 박사학위논문.
- 나은경(2015). 사회불안 경향성 집단에 대한 주의편향수정 치료와 인지행동 치료의 효과. 부산대학교 석사학위논문.
- 류창현(2010). 범죄소년을 위한 인지행동치료(CBT)와 웃음치료(LT)에 대한 효과성 연구. 경기대학교 박사학위논문.
- 박계원(2015). 사회불안에서 인지재구조화 전략이 사후반추사고와 정동에 미치는 영향. 서울여자대학교 박사학위논문.
- 박선미(2011). 마음챙김에 근거한 인지행동집단치료가 저소득가정 청소년의 불안과 자

아탄력성에 미치는 효과. 경성대학교 석사학위논문.
- 박순영(2010). 게슈탈트 집단미술치료가 시설아동의 불안과 사회적응력에 미치는 효과. 영남대학교 석사학위논문.
- 박유미(2013). 권위주의적 양육태도와 시험불안의 관계: 사회적으로 부과된 완벽주의의 매개효과. 대구대학교 석사학위논문.
- 박윤선(2008). 부모의 양육태도가 청소년의 대인불안에 미치는 영향: 수치심경향성을 매개변인으로. 성신여자대학교 석사학위논문.
- 박일(2014). 영화를 통한 자기자비 처치가 상태자기자비, 상태불안 및 정서반응에 미치는 효과: 발표불안이 있는 대학생을 대상으로. 카톨릭대학교 석사학위논문.
- 박정미(2010). 열등감과 비합리적 신념이 청소년의 사회불안에 미치는 영향. 경성대학교 석사학위논문.
- 박진영(2012). 욕망에 따른 불안과 공포의 그로테스크적(grotesque)표현연구: 본인의 회화 작품을 중심으로. 인천대학교 석사학위논문.
- 박한아(2006). 청소년의 사회적 외상경험과 사회불안의 관계에서 부정적 자동적 사고와 역기능적 신념의 매개효과. 숙명여자대학교 석사학위논문.
- 박훈정(2015). 범불안장애 인지행동치료의 성경적 적용모델 연구. 총신대학교석사학위논문.
- 배수진(2014). 치료적 뮤직비디오 중재가 정서·행동장애 위험아동의 우울과 불안 감소에 미치는 영향: 인지행동치료 철학을 기반으로. 명지대학교 석사학위논문.
- 백주현(2007). 여자 청소년의 수치심과 사회비교가 사회불안 및 섭식태도에 미치는 영향. 명지대학교 석사학위논문.
- 서은란(2011). 사회공포증의 심리적 위험요인에 근거한 인지행동-정서표현 프로그램의 인지행동-정서표현 프로그램의 구성과 효과 검증. 대구카톨릭대학교 박사학위논문.
- 서지수(2015). 아동기 외상 경험이 대학생의 사회불안에 미치는 영향: 초기부적응도식의 매개효과. 대구가톨릭대학교 석사학위논문.
- 성용우(2013). 만다라를 활용한 미술치료가 성인여성의 불안 증상에 미치는 영향. 동국대학교 석사학위논문.
- 손미란(2013). 교육적 관계에서의 권위에 대한 고찰. 인하대학교 석사학위논문.
- 송경아(2013). 자기초점주의가 대인불안에 미치는 영향: 무조건적 자기수용의 조절효과검증. 가톨릭대학교 석사학위논문.

- 송언영(2009). 통합예술치료 프로그램이 학교부적응 초등학생의 불안과 우울성향, 학교생활적응력에 미치는 영향. 창원대학교 석사학위논문.
- 송점순(2012). 현대미술에서의 꼴라주 기법 연구: 본인의 작품을 중심으로. 경기대학교 석사학위논문.
- 심현진(2013). 아동기 외상경험과 대학생의 사회불안의 관계: 내면화된 수치심의 매개효과. 조선대학교 석사학위논문.
- 오가영(2008). 통합예술치료가 장애아동과 일반아동의 또래관계, 적응행동 및 사회적 기술에 미치는 영향. 원광대학교 석사학위논문.
- 오승주(2015). 인지행동치료를 기반으로 한 집단미술치료가 비행청소년의 애착, 특성분노 및 자동적 사고와 공감에 미치는 영향. 원광대학교 박사학위논문.
- 오지민(2011). 아동의 공격성 완화를 위한 집단 미술치료 프로그램 개선 방안연구: 인지행동 이론을 중심으로. 한양대학교 석사학위논문.
- 유광철(2012). 키에르코게르의 불안개념에 대한 분석. 경북대학교 석사학위논문.
- 윤연희(2012). 성인 여성의 5요인 성격특성, 대인관계성향 및 심리적 안녕감의 관계. 충남대학교 석사학위논문.
- 윤혜영(2010). 사회불안장애의 인지행동치료 효과: 주의편향과 암묵적 자존감을 중심으로. 고려대학교 박사학위논문.
- 이국화(2008). 청소년의 외상경험과 사회불안의 관계에서 자기효능감의 매개효 과, 숙명여자대학교 석사학위논문.
- 이선영(2009). 비행청소년에 대한 통합치료프로그램 개발에 관한 연구: 게슈탈트 치료기법을 중심으로. 원광대학교 박사학위논문.
- 이선주(2001). 초등학교 저학년의 HTP 반응특성과 자아존중감 및 정서지능과의 관계. 한남대학교 석사학위논문.
- 이수연(2015). 외상경험과 사후반추사고가 사회불안에 미치는 영향: 자기자비의 매개효과. 서울여자대학교 석사학위논문.
- 이수진(2012). 대학생의 전공전환 과정에 대한 질적 분석. 전북대학교 박사학위논문.
- 이숙희(2015). 그룹 홈 청소년의 집단미술치료 체험에 대한 현상학적 연구. 영남대학교 박사학위논문.
- 이슬기(2011). 합리적 정서-행동치료에 근거한 예술심리치료가 청소년의 시험불안에 미치는 효과. 대진대학교 석사학위논문.

- 이아라(2013). 환경의 위험요인 수준에 따른 인지행동 상담 프로그램이 회복 탄력성에 미치는 효과. 서울교육대학교 석사학위논문.
- 이용민(2014). 근거 이론에 기초한 베이비붐 세대의 노후 주거 계획 과정에 관한 연구. 건국대학교 박사학위논문.
- 이원재(2016). 개인 상담을 통한 상담자의 인간적 자질 변화에 대한 연구: 질적 분석. 카톨릭대학교 석사학위논문.
- 이유리(2014). 불안장애 아동을 위한 인지행동치료와 마음챙김 인지치료의 효과. 명지대학교 박사학위논문.
- 이윤희(2009). 백혈병 아동의 불안장애에 대한 미술치료 단일사례연구. 동국대학교 석사학위논문.
- 이은영(2010). 집단미술치료가 가출청소년의 자아개념과 불안에 미치는 영향. 한양대학교 석사학위논문.
- 이종은(2010). 영화치료가 불안감 감소와 대인관계 호전에 미치는 영향. 경기대학교 석사학위 논문.
- 이창현(2014). 발표불안에 대한 마음챙김에 기반을 둔 처치의 효능 및 조절변인으로서의 기저선 우울증상 심각도: 인지재구성 기반을 둔 처치와의 비교. 한림대학교 석사학위 논문.
- 이춘필(2010). 동화읽기 인지행동중재가 사회적 위축 아동의 사회적 유능감 향상에 미치는 효과. 대구대학교 박사학위논문.
- 이혜진(2011). 초등학생의 분노 조절과 공격성 감소를 위한 통합예술치료 프로그램 개발과 효과성 검증. 서울교육대학교 석사학위논문.
- 이혼정(2004). 내러티브 교육과정의 적용에 대한 연구. 고려대학교 박사학위논문.
- 임미화(2010). 인지행동치료가 우울증 입원환자에게 미치는 효과: 우울, 불안, 자아존중감, 자기효능감을 중심으로. 덕성여자대학교 석사학위논문.
- 임은영(2015). 노래 만들기(song writing) 활용 시 음악치료사가 경험하는 어려움과 대상별 적용 현황. 이화여자대학교 석사학위논문.
- 임진영(2016). 놀이치료자의 자녀 양육경험에 관한 내러티브 연구. 숙명여자대학교 박사학위논문.
- 장금주(2012). 리다명상이 만성 불안장애 감소에 미친 효과에 관한 단일사례 연구. 동방대대학원대학교 박사학위논문.

- 장정애(2011). 자연의 소리를 활용한 통합적 유아음악교육 프로그램 구성 및 효과. 중앙대학교 박사학위논문.
- 전혜진(2014). 가해염려 사회불안 집단의 자기 및 타인 표상과 자기초점 특성. 서울대학교 석사학위논문.
- 정순성(2016). 경계선 성격장애 여성의 불안에 미치는 미술치료 단일사례연구. 광주여자대학교 석사학위논문.
- 정여진(2015). 한국화 매체를 활용한 집단미술치료 프로그램이 치매노인의 인지기능, 우울, 불안 및 일상생활 수행능력에 미치는 효과. 경성대학교 석사학위논문.
- 정지윤(2011). 다문화 청소년의 학교생활적응에 관한 내러티브 연구. 중앙대학교 석사학위논문.
- 정지혜(2015). 자기교시훈련이 아동의 학습습관 형성에 미치는 효과. 부산교육대학교 석사학위논문.
- 정태인(2015). 치석제거술시 음악 감상이 불안감 감소에 미치는 영향. 상명대학교 석사학위논문.
- 정택용(2011). 부모의 권위주의적 양육태도가 청소년의 심리사회적 적응에 미치는 영향. 경기 대학교 교육대학원 석사학위논문.
- 정하나(2014). 주요우울장애 경도군 청소년을 위한 인지행동치료와 마음챙김 인지치료의 효과 비교. 명지대학교 박사학위논문.
- 조승희(2014). 섭식장애여성의 자아존중감 향상을 위한 통합예술치료 단일사례 연구, 한양대학교 석사학위논문.
- 조영매(2016). 상담자의 대리외상 후 성장 경험에 관한 질적 연구. 한남대학교 박사학위논문.
- 주정옥(2010). 통합예술치료프로그램이 문제행동아동의 정서에 미치는 효과: 우울, 불안, 정서지능, 행복감을 중심으로. 원광대학교 박사학위논문.
- 조정윤(2010). 만다라 중심의 미술치료가 정신질환자의 우울과 불안에 미치는 효과 연구, 한양대학교 석사학위논문.
- 지현정(2012). 수채화매체 미술치료가 지역아동센터 청소년의 불안감소와 정서 이완에 미치는 효과. 한양대학교 석사학위논문.
- 최에스더(2014). 청소년의 수치심 경향성과 대인불안 간의 관계에서 인지적 정서조절 전략의 매개적 역할. 이화여자대학교 석사학위논문.

- 최영숙(2005). REBT에 근거한 미술치료가 여대생의 사회적 회피 및 사회불안에 미치는 영향. 대구대학교 석사학위논문.
- 최윤정(2011). 공감중심 문학치료 프로그램이 결손가정 아동의 불안 감소와 또래관계 증진에 미치는 효과. 경북대학교 석사학위논문.
- 한송이(2010). 만다라 미술치료가 학대 학생의 불안과 우울에 미치는 영향. 우석대학교 석사학위논문.
- 현준영(2009). <기억, 각색>전 작품론: 기억의 오브제로서의 사진을 중심으로. 익대학교 석사학위논문.
- 홍계선(2014). 디지털 사진의 콜라주 기법을 통한 표현영역 교수·학습 지도 방법 연구: 초등학교 5학년을 중심으로. 한국교원대학교 석사학위논문.
- 홍미경(2014). 미술치료가 불안과 강박 성향을 가진 중년남성의 자기회복에 미치는 사례연구: Kohut의 자기심리학을 관점으로. 명지대학교 석사학위논문.
- 홍지영(2012). 양극성장애에 대한 통합예술치료의 단일사례 연구: 스트레스 대처능력 향상을 중심으로. 한양대학교 석사학위논문.
- 화영남(2015). 한국어 학습자 의사소통불안 감소를 위한 교육연극 활용 수업모형 개발 연구: 중국인 중급 학습자를 중심으로. 경희대학교 석사학위논문.
- 황순옥(2016). 미술치료가 방임아동의 불안과 우울에 미치는 효과 연구: 단일사례 중심으로. 한일장신대학교 석사학위논문.

초판 1쇄 _ **2018년 9월 27일**
지은이 _ 홍지영
펴낸이 _ 김현태
디자인 _ 디자인 창 (디자이너 장창호)
펴낸곳 _ 따스한 이야기
등록 _ No. 305-2011-000035
전화 _ 070-8699-8765
팩스 _ 02- 6020-8765
이메일 _ jhyuntae512@hanmail.net

따스한 이야기 페이스북
https://www.facebook.com/touchingstorypublisher

따스한 이야기는 출판을 원하는 분들의 좋은 원고를
기다리고 있습니다.

가격 14,000원